心をリセットしたいときに読む本

齋藤茂太

ぶんか社文庫

JN319118

はじめに

「やる気」を出すにはどうしたらいいか。無数の要素を含んでいるだろうが、私はそれを整理して次のように考えたい。

まず、もっとも大切なのは「好奇心」ではあるまいか。

山のかなたに幸いがあると思い、好奇心にかられて古代の人びとは未知の土地へ出かけていった。そして美女とめぐり会い、夫婦となり、子を作り、そのまた子供が旅に出て……と人びとはあまねくみちていった。人類がこの地球に生まれてからどのくらい経つのかわからないが、その長い年月の九〇パーセントは「移動」していたらしい。その気力の原点は、やはり好奇心と言っていいようだ。

次に大事なことは「変化」だと思う。

マンネリになっては、その人の進歩は停止する。「自分は会社人間で、ここ何年間、毎日の業務も同じ、服装も同じ、通勤コースも同じでどうすることもできない」と言う人もいるかもしれないが、その人は一歩が踏み出せない人と言っていい。人間、マンネリ打破を思い立てば、やる気はむくむくわいてくると思えばよい。

新鮮な「感動」や「笑い」もまた大切だ。人は、年をとるにしたがって、感動や笑顔が減ってくるようで、漫才や落語を聞いてニコリともしない老人がテレビなどに映ると、私はガッカリする。笑う老人が映ると、私はホッとする。

この感動や笑いは、与えられるとともに、みずからつくり出すものだ。アメリカのある心理学者は「人間は楽しいから笑うのではなく、笑うから楽しいのだ」と言っている。そこに自己暗示が存在する。我々は笑うから、自己暗示によって楽しい積極的な気分をかき立てられるのだ、という理屈が成り立つ。

絶えず新しい「学習」を求めるのも悪くない。やれやれ、これで我が事終わり、と思ってはいけない。一事がある線に到達したら、すぐ「次」に興味を示すことだ。

私は何年も、一〇〇パーセントを望んではいけない、人生八〇パーセントで満足しよう、と言い続けてきた。小欲知足である。

私がどこかの町や村を訪ねても、見学を完全に達成することはまずない。何がしかの「不足」がある。不足があると「またここに来よう」という意欲がわく。私は京都でも広島でも、何回行っても飽きることはないし、満足することもない。京都へ招《よ》ばれても、百回行っているからイヤだとは決して言わない。「不足状況」を持つことがやる気を起こすと信じているからである。

今「はやり」の鬱《うつ》状態の中心心理は、おっくう、やる気がない、すなわち気力低下と言ってよく、やる気が出てきたら、病的状態は快方に向かってきたと言っていい。つまり正常な人間とは、やる気のある人ということができる。

私が会長を務めているシニア・プラン開発機構という団体は、シニアの晩年の暮らしをいかにすべきかを研究しているが、そこで晩年が「暗い」人の現役時代の暮らしぶりを調べたら、孤独（友人がない）、前向き姿勢の反対、趣味がない、他罰傾向（何事も人のせいにする）などの要素があることがわかった。これらも、やる気に悪い要素だ。

本書は、やる気を出すための教科書のつもりで書いた。どこから読んでいただいても、やる気がわくようにヒントがちりばめてある。好きなところから読んで、やる気をみなぎらせていただきたい。

齋藤茂太

目次

1章 逆転の発想で「嫌いな自分」をリセットする

2章

小さなテクニックで人間関係をストレスにしない

3章

仕事で元気が出るちょっとした発想法

4章 体が喜ぶ毎日の過ごし方

5章

小さな変化で人生はもっと楽しくなる

第1章

逆転の発想で「嫌いな自分」をリセットする

自分の性格を決めつけない

性格は持って生まれたもので、変えられないと考える人がいる。

そういう人ほど、「内気だから人づき合いがうまくできないんだ」「恋人にふられたのは優柔不断だから」などと、自分の性格を嘆いたりするものだ。

しかし、性格というものは多面的なもので、一人の人間の中にも、さまざまな性格が混在している。自分で思い込んでいる性格は、その一側面でしかない。

つまり、別の面を表に出すことも可能だし、そうすることで違った自分になることもできるのである。

内気で人前に出るのが苦手だという人も、「親友とは楽しく話もできるし、冗談だって言える。そうだ、そんな自分もいるじゃないか」と考えれば、対人恐怖はグッと少なくなる。

優柔不断で痛い目にあっている人だって、過去に思いをめぐらせて、「そういえば、進路は自分自身で決断したんだった。オレもここぞという時にはバシッとやれるんだ」と考えれば、決断力もむくむくとわいてくるだろう。

みずからの内に眠る「こうありたい性格」にどんどん訴えかければ、どのような自分にだってなれるのだ。

◎内気だからと悲観する必要はない

人づき合いが不得手で、自分の世界に閉じこもるのが好きな、内気な人も多い。

そんな人は、積極的に自己アピールにつとめる人間が多い中、世渡り下手で損をしそうに思える。実際「もっと社交的にならなきゃ、ビジネスマンとして失格だぞ」などと評価されているかもしれない。

しかし、内向型人間は、そう捨てたものではないのである。

みずから描いた理想が高く、その実現に向ける情熱が胸にたぎっているのがこのタイプだ。だから、たとえばすぐれたパソコンソフトの開発に携わった人には内気タイプが多い。いい意味での「おたく」に徹し、思い描いたソフトの実現に妥協することなく邁進《まいしん》する。世界に冠たるゲームソフト大国としての日本の成功は、内気人間の力によるところが大きいのである。

周囲から「妙なヤツ」「変人」といった目で見られることがあっても、気にすることはない。天才的な仕事をなすのは、いつの時代でも「ちょっと変なヤツ」であることが多いのだ。みずからの成功地図に向かって突き進めばいい。

◎自分をもう一人の自分の目で見よう

私の父・斎藤茂吉は、はっきり二つの顔を持っていた。病院では「とても穏やかで、やさしい先生」、家では「癇癪《かんしゃく》もちで、怖い人」であった。

精神科の治療は、はたから見るほどやさしいものではない。かなりの忍耐力、寛容さが必要だ。幼い頃はそれがわからなかったが、私自身も精神科医になって、はじめて父の二つの顔の意味が理解できたように思う。

こんな昔話をしたのはわけがある。

人間は誰しも、父ほど極端ではないにせよ、心の中に、まったく違うタイプの「自分」が二人はいるのだ。この二人の自分をうまく使い分ければ、私たちはバランスのとれた人間でいられるのである。

たとえば、引っ込み思案でおとなしい人が、演劇部で大活躍していたことはないか。時代の先端をいく職業の人が盆栽を趣味にしていたり、しとやかで清楚な印象の女性がクルマのA級ライセンスなんかを持っていたりする。

二人の自分は、互いに支え合いながらバランスをとっている。時々は、もう一人の自分の目で、共存するもう一人を見つめてみよう。

ストレスは人生のカンフル剤

仕事でも人間関係でも、ストレスは避けられない。

だが、ストレスをあらゆる病気の元凶とのみ、とらえてはいないだろうか。

それは確かに真実ではある。しかし、ストレスには効用がまったくないかと言えば、実はそんなことはないのである。

カナダの心理学者で、ストレス学説の提唱者として知られるハンス・セリエは、こんなことを言っている。

「適度なストレスがないと、人間はダメになる」

事実、欧米への旅が船中心であった時代には、穏やかな凪《なぎ》の日に飛び込み自殺をはかる船客が、かなり多かったといわれている。

揺れもなく安穏とした退屈が続くと、人はどこか鬱状態となり、自殺願望にかられるというわけだ。

退屈を破る揺れ、つまりストレスは、生への意欲を呼び起こすものだと言っていい。

ストレスは、ともすると惰性に陥りがちな仕事や日常生活に適度な緊張感を与え、意欲を奮い立たせる効用がある。

ストレスを一種のカンフル剤ととらえてつき合っていくと、それに押しつぶされることなく、有効活用ができるはずである。

◎ストレスはやる気の条件でもある

ストレスは解消するものだと多くの人が言う。

ストレスをため込んでいるとろくなことはない。夜も眠れず、胃はキリキリと痛む。ストレスは悪いことずくめだというわけだ。

医学的見地から見れば、確かにストレスは消化器系に影響を与え、免疫力の低下も引き起こす。ひどい場合は、心身症や鬱症状なども引き起こす

しかし、ストレスがまったくなくなってしまったらどうだろう。

「適度なストレスがないと、人間はダメになる」という言葉を紹介したが、実際、ストレスのない生活は人間をだめにする。

たとえば仕事一筋で突き進んできた人が、定年退職したとたん、家に引きこもりがちになり、元気を失ってしまうというような例だ。

ストレスという言葉は、フランス語では古くは「努力」「奮闘」という意味を持っていた。まさに本質を突いていると言えよう。

ストレスを感じたら、それを大いに努力、発奮の材料にすればいい。

◎殻にこもりたい時ほど人に会おう

現代人のストレスの最大の源は、人間関係であろう。

仕事の場面でも、家族・友人・恋人の間でも、「つねに幸福な人間関係」が続くことはありえない。

足をすくわれたり、裏切られたりすることも、ままある。

人間関係にクヨクヨ悩み、「ああ、独りになりたい」と孤独の誘惑に身をまかせたくもなるだろう。

だが、孤独は危険と背中合わせなのだ。

哲学者で数学者でもあったバートランド・ラッセルは、『幸福論』の中でこう書いている。

「私たちを自己の殻に閉じ込める情念は、最悪の牢獄のひとつとなる。そういう情念のうち、もっともありふれたものをいくつかあげるならば、恐怖、妬み、罪の意識、自己憐憫《れんびん》、自画自賛である。これらすべてにおいて、私たちの欲望は自分自身に集中している」

孤独に逃げ込み、自分の殻に閉じこもってしまうと、自分にしか関心が向かわなくなるというわけだ。

「孤高に生きる」のは、味気なく、寂しい人生なのである。

人を想い、人に想われてこそ、人生は深く豊かにもなる。

ストレスをもたらす人間関係だが、生にさまざまな彩りを与えてくれるのもまた、人間関係なのである。

何でも「いいことの前ぶれ」だと思おう

何をやってもうまくいかないことがある。

たとえば仕事でミスをし、気分転換に酒を飲んだら悪酔いして電車を乗り過ごす。やむなくタクシーで帰宅したら財布は空っぽ。そこに家族の罵詈雑言が降り注ぐ……。

こんな、不幸の連鎖とでも呼びたくなる状況がたびたびあると、「ああ、自分の人生はツキから完全に見放されている」と嘆きたくもなる。そして「これからも、いいことなんかないだろうな」と、ずるずる落ち込んでしまう。

そんな時、どうすれば気分をすばやく好転させられるのだろうか。

ここは逆発想が有効だ。「こう悪いことばかり続くのは、何かとてつもなくいいことが起こる前兆に違いない」と考えるのだ。そして、「そのとびきりのいいこととは？」と想像しよう。

人生はうまくしたもので、不幸一色に塗りつぶされる一生などというものはない。底に沈めば、それだけ大きな浮力もつくものなのである。

うまくいかない今を「いいことのための準備期間」と思えれば、気分は上向くことを忘れないでほしい。

◎「なんとかなる」ことのほうが多い

何かが心に引っかかり、それが頭を離れなくてイライラする時はどうすればいいだろう。

ウィーンでの講演の帰りにイタリアを旅した際の、ヴェネツィアのホテルでのことだ。

フロントマンに帰国便の確認を頼むと、「おまかせあれ」と言う。安心して街を歩き、ホテルに戻ると、くだんのフロントマンが一転「席はない」と言うではないか。しかし、チケットは持っているのだ。絶対その日に帰国しなければならなかった私は、一気に旅情も吹っ飛び、暗い気分になった。

ところが彼はこともなげに「なんとかなりますよ。今夜はホテル自慢のテラスレストランでご夕食をご賞味あれ」などと言うのだ。

食欲などわくはずがない。私は憂鬱な気持ちのまま、ご馳走を口に運んだ。

結局、席は取れてことなきを得た。すなわち、この類のトラブルは考えてもしかたがないし、実際、なんとかなるものなのである。とすれば、スパッと割り切り、イタリアンの美味を心ゆくまで楽しむべきであった、と今は思う。

雨が降れば雨に濡れ、風が吹けば吹かれるまま、「なんとかなるさ」という気持ちが救いになることがあるのである。

◎ささやかな楽しみが心をいやす

「いやし」という言葉が、ずいぶんはやった。現代は、それだけ心がささくれ立つような環境だということだろうが、最終的に自分をいやすのは、やはり気持ちのありかたしかない。

失望や悩みから脱出するには、「ささやかな楽しみ」を持つといい。どれほど失望が大きくても、悩みが深くても、ささやかな楽しみの一つや二つ、必ず見つかるはずだ。

石川啄木の短歌に「友がみな我より偉くみえし時、花を買いきて妻と親しむ」というものがある。自信を失い憔悴《しょうすい》していた天逝《ようせい》の歌人が、一輪の花を妻とともに愛でたという、ささやかな楽しみによるいやしの構図だ。

こんなにロマンチックではなくとも、ペットと過ごす時間が心のささくれを取ってくれたり、ガーデニングに夢中になるひと時が気持ちを穏やかにしてくれたりもするだろう。

何も、たちまち気分を一新させてくれるような大げさな楽しみでなくてもいいのだ。

「生きてるって、そう捨てたもんじゃないな」

一瞬でもそう感じることができるものであれば、いやし効果は十二分にある。

いやな記憶は時間が消してくれる

記憶力の良い悪いに関係なく、忘れられないいやなことは、誰にもあるはずだ。ふだんは忘れていても、ふとした時に思い出し「そうだった。あいつに手ひどく裏切られたんだった」と神経を逆なでする。どうにか忘れる方法はないものだろうか。

いちばん有効なのは、新しい経験をどんどん積み重ねることである。コンビニの棚を見るといい。同じ商品でも、製造日の新しいものがどんどん後ろへ並べられる。そうすることで古い商品は前に押し出され、売れなければやがてお払い箱となるのである。

いやな記憶も、新しい経験が記憶として仕入れられていくうちに古びていく。こうして、自然に忘れるのがいちばんいいのである。

◎スケジュールを埋めて、悩む時間をつくらない

仕事のミスや家庭のトラブル、恋のもめごとなど、心に引っかかっている悩みがあ

ると、何も手につかず、時間だけが流れていってしまう。たとえば仕事中でも、ふと気づくと、気持ちは悩みに向かっていて、仕事はいっこうにはかどっていない、といった調子である。

こんな時こそ、きっちりスケジュールを立てることが必要だ。

予定がないと、どうしても空白の時間が生まれる。悩みの渦中にいる人にとっては、この空白がなんとも厄介なのだ。空白だから悩みが流れ込みやすく、いつしかそれでいっぱいになってしまったりする。こうなると、悩みの解消などできない。

仕事のスケジュールをこまかく立てるのでもいいし、プライベートな予定で手帳を埋めるのもいい。とにかく空白の時間をなくしてしまおう。未来の自分の行動をどんどん決めてしまえば、悩みの入り込む余地がなくなる。

時間を埋める方法はいくらでもある。好きなB級ホラーのビデオを十本観る。気になっていたミステリを一冊読む。プールで千メートル泳ぐ……。とにかく、大好きなことに熱中すればいいのである。

◎幸せなふりをしてみよう

そうは言っても、そう簡単には忘れられないと思う人もいるだろう。

確かに、悲観は迷路のようなものだ。ひとたび入り込んでしまうと、いっこうに出口が見出せなくなり、ふさがってしまった状況に悶々《もんもん》としてくる。次第に「明るい明日、希望あふれる未来など、自分にはまったく無縁なものだ」という思いがつのってきて、つらさや苦しさにさいなまれるばかりとなる。

では、こんな時はどう考えたらいいのだろうか。

悲観的になった時は、先のことより目先の楽しみを思い浮かべるといい。

気持ちがめいっている時には、明るい未来など思い描けるわけがないのだから、それはあきらめてしまおう。そして、日々のささいな楽しみに目を向けるのだ。

風呂あがりの一杯のビールのうまさ、女房殿との何気ない語らい、何度観ても飽きることがないお気に入りのビデオ……何でもいい。それに没頭し、ささやかでも手応えのはっきりした幸福を味わうのだ。ビールをあおったら、多少オーバーに「ああ、うっめぇ！」なんて言ってみるのもいいかもしれない。

それで苦しさが一瞬でも遠のけば、首尾は上々。

そんな小さなことの繰り返しが、悲観の迷路から抜ける道筋の発見につながるのである。

「今がいちばん」と考えよう

「貧すれば鈍する」という。

お金がないと、夫婦の関係にも波風が立ち、親子の間もとげとげしくなったりする、というような意味だ。

しかし、これは考え方の問題ではないだろうか。

ノンフィクション作家の松下竜一さんは、奥さんと二人のお子さんの四人家族で年収二百万円程度と、経済的には「貧」である。ところが、このご家族は、うらやましいくらい豊かなのだ。

年収が五百万円あれば「六百万円稼げ」、七百万円なら「八百万円まで頑張れ」と亭主の尻叩きに躍起となるのが世の奥方のつねなのに、松下さんの奥さんは、稼ぎのことはいっさい口にしない。収入の範囲でやりくりしている。しかも、時間のある午後には夫婦連れ立って散歩に出かけ、パンくずをカモメに放り投げてやるのだという。なんともほのぼのした夫婦の風景ではないか。

フランスの格言に「満足している者が、いちばんの金持ちだ」というものがある。

物質的な豊かさを求めれば、際限がない。

松下さんのように、あるがままの「今」に満足し、心豊かに暮らすことの幸福を忘れないでほしい。

◎「あの頃はよかった」は禁句にしよう

「忘却とは忘れ去ることなり。忘れ得ずして忘却を誓う心の悲しさよ」という古くさいセリフは、戦後全国を席巻したラジオドラマ『君の名は』の名文句であった。

確かに人間には、「忘れ得ずして忘却を誓」わざるを得ないほど、過去を忘れがたいと思うところがある。

それがはなはだしいと、心がいつもそこに帰ってしまい、前に進めないということにもなる。

しかし、過去を変えることはできない。

過去に戻ってやり直すことも不可能である。

しかも、過去へのこだわりは精神的に悪影響を及ぼす。

精神科医としての経験から言えば、鬱の人は過去に強くこだわる傾向が見られるのだ。

過去にばかり思いをはせるようになると、改善していた鬱がぶり返すこともある。過去は忘れたほうがいい。栄光であれ挫折であれ、そこに思いを向けると前向きな気分が持てなくなる

「あの頃はよかった」「あれさえなければ」は禁句にしよう。

過去は淡い思い出程度になるようオブラートに包み込み、鮮烈なまま残しておかないようにしよう。

◎「ないものねだり」は「あるもの満足」に

欲望や欲求には限りがない。

それが人間を行動に駆り立てるエネルギー源でもあるのだが、自分が持っていないものにばかり目を向けると、困ったことになる。

「あいつは持ち家なのに、自分は借家住まいだ」「彼の営業力はすごい。それに比べて自分は………」など、考え始めると、出てくる、出てくる。自分にないものの膨大《ぼうだい》なリストがたちまちできあがる。そして、ため息が出る。なぜ自分には、こんなにも「ないもの」「できないこと」が多いのかというわけだ。

ここで、発想の逆転が必要となる。

今度は自分にあるものに注目してみるのだ。すると、こちらも相当あることに気づくだろう。

「初対面で、すぐに誰とでも打ち解けられるぞ」「安物だけど時計のコレクションは自慢できる」「ゴルフなら、ちょっと腕に覚えあり」など、何でもいい。

自分が持っているもの、できることを並べてみると、落ち込んでいた気分は一掃され、元気が出てくる。

人間、誰だって「なかなかのもの」なのだ。

それを実感するには、「ないものねだり」でなく、「あるもの満足」の姿勢が大切なのである。

お金は必要なだけあればいい

いくらあっても困らないのがお金である。だから、ある程度の財産を築いていても満足ということはなく、さらなる蓄財に必死になるのが人間の性であるようだ。

しかし、人生には当然、お金には代えられないものがある。

チャップリンの映画『ライムライト』の中に、将来をはかなんで自殺をはかった踊り子を励ますチャップリンの、こんなセリフがある。

「人生は、どんなつらいことがあっても、生きるに値する。それには三つのことが必要だ。勇気、希望、そしてサム・マネーだ」

漫画家のサトウ・サンペイさんは、このセリフを聞いてサラリーマン生活にピリオドを打ち、漫画家としての道を踏み出した。サラリーマンとして安定した収入を確保するより、自分の好きな世界にチャレンジしようと決心したわけだ。

サム・マネー（少しばかりのお金）があれば、今の日本ですぐに生活に窮することはない。それをマッチ・マネーにするのが悪いとは言わないが、自分の能力を磨いたり、新たな可能性に挑戦したりするほうが、さらにいいのではないだろうか。

◎お金は結果であって、目的ではない

バブル崩壊で、拝金主義の苦さを味わった人もいるだろう。生きていくうえでお金は必要だが、それはあくまで手段として位置づけておいたほうがいい。お金を儲けることが目的になってしまうと、品性が下劣になる。

戦後、闇物資で儲けたり、米軍製品の横流しでたんまり稼いだ成金がいたが、人間としてはどう見ても上等とは言えなかった。現代で言えば、なりふりかまわず投機に走り、大きくなる預金残高の桁を眺めて悦に入っている人などが、その類だろう。ギャンブルで一攫千金《いっかくせんきん》を狙うのも、あまりまともではない。

一所懸命に仕事して、自己実現をはかる。お金はその結果としてついてくるものであって、前後が逆になってはいけない。お金のために、自己実現とは相容れない仕事に就いたり、不正を行なったりするのは愚の骨頂である。

いくら儲けたところで、仕事に生きがいや楽しみが見出せなかったら、人生はつまらない。お金に操られるなど、まっぴらという気持ちを持ちたいものだ。

◎人生は八〇パーセントでいい

「頑張るぞ！」という気持ち、向上心は大切である。これこそ目標達成の原動力だからだ。ただし、これも「いつもパーフェクトに頑張るんだ」という一〇〇パーセント主義の理想主義になってしまうと、失うものが多くなるのではないだろうか。

頑張ろう、頑張らなくてはいけないという思いがあまりに強くなると、人間、窮屈になる。百点を取るのが当たり前の人は、一点でもミスすると納得がいかない。九十九点を取っても、「頑張ったのに」と不満を感じてしまうのだ。

ビジネスも人間関係も、そして自分自身への接し方にも、同じことが言える。

頑張りすぎると、結果として、つねに不満不平を抱くハメに陥るのだ。そういう人は、余裕がなくギスギスした雰囲気を漂わせ、周囲をも息苦しくしているものだ。

人生は八〇パーセントでいい。食事も腹八分目が健康的のように、意欲もいつも満タン状態では、余裕の入り込む余地がない。頑張る方法を追求するのもいいが、頑張らずにすむ方法を考えるほうが、ずっと人生豊かなのである。

趣味があなたの毎日を変える

趣味の効用の一つとして、腹を割って語り合える友人ができることがある。ビジネスマンは、どうしても仕事がらみの人間関係が中心になる。利害が入り込むから、腹を割ってというレベルになるのは難しい。

しかし、趣味を同じくする人は違う。釣りでも写真でもスポーツでも、囲碁、将棋でも、同好の士に対しては、人間は最初から心を開くものである。「実は、丹沢からちょっと入ったところに、いいスポットがありましてね」。釣り好き同士なら、初対面だってそんな言葉から話がはずみ、意気投合ということになる。共に釣果《ちょうか》をあげでもすれば、もはや肝胆相照らす仲である。

趣味仲間は子ども同士のように心のバリアを軽く飛び越え、友情を結ぶことができるのだ。そんな世界を経験しないなんてもったいないではないか。無趣味で、ストレス解消はもっぱら酒やギャンブルという人には、趣味を持つことをぜひすすめたい。そこから始まる人間関係はきっと、人生に格別のうま味を加えてくれるだろう。

◎おもしろがれば何でも趣味になる

趣味は大きくかまえると、長続きしないものだ。仕事人間がいきなり「趣味かあ、じゃ、明日からテニスでも始めるか」とか「健康維持もかねて山登りをやるぞ！」とか意気込むのは、はっきり言って無理があろう。運動不足の人がいきなり五十メートルをダッシュして、へばるようなものである。「もう二度と走らない」とならないように、身近なところから始めるのがいいだろう。

仕事人間にもっとも身近なことは、仕事である。仕事と結びついたものを、まず最初のトライ対象に選ぶのがいい。酒を趣味にするもしかりだ。

たとえば私は、飛行機が趣味である。小さな頃から大好きだ。忙しい最中、どんなふうにこれを楽しんだかというと、たとえば熊本に講演に行く時は、どの席に座ればいちばん阿蘇山がよく見えるかを調べる。航空会社からコース取りまで、調べられるだけ調べてから、乗る。何回か経験して機長の名前と離着陸時のクセを覚えもする。そんな小さな発見が実に楽しい。つまり、おもしろければ何でも趣味になってしまうのである。

◎日常の中の非日常を探す

ちょっとした非日常を探すことで、趣味は簡単に見つかる。

趣味を見つけなさい、と言うと、「ゴルフをするにはクラブもいるし、ウェアもいる。会員権だってあったほうがいいし……」「ガーデニングは道具もたくさん必要で、大変らしい」と考え込んでしまい、そこで意気消沈して、相変わらずの無趣味生活に舞い戻る人が結構いる。だが、趣味には、道具などいらないのである。

たとえば、私は時間ができると、近くの多磨霊園で墓めぐりをする。名前を知っている物故者の墓を発見したりすると「おお、彼はここで深い眠りを満喫しているのか」「永遠の眠りの中で彼女は何を思っているんだろう」など、感慨にふけるのだ。

日常生活に埋没し、そこから発想すると、こんな楽しみは味わえない。頭を少しほぐして、目を大きく見開こう。楽しみのネタがずいぶんと転がっていることに気づくはずだ。日常生活から離れた時間を持つことは、そのまま趣味になるのだ。

かまえる必要などない。惰性で流れる毎日の生活から少しだけ抜け出してみると、別の世界、別の時間が広がるだろう。

◎毎日通る道にさえ、非日常は転がっている

非日常といえば、我が妻がおもしろいことをやり出した。実にユニークで、我が妻ながらあっぱれと思ったものである。それは何かというと、タバコ拾いである。「えっ、何それ？」と言わず、まあ、聞いていただきたい。

我が家と隣接している病院がある。そことの距離は、歩いて二百メートルほど。妻はたびたび通るその道に、タバコの吸殻が多く落ちていることに、ある日ふと気づき、「いったい何本あるのか？」と好奇心を抱いたそうだ。そこで拾ってみることにした。一本、二本……。だが、拾っても拾っても、なかなか前に進めない。やっとの思いで病院までたどり着いた時、拾った吸殻はなんと、二百本であったそうだ。

たった二百メートルの間に二百本もの吸殻とは驚きだが、私はこの話を聞いて「それはぜひ今後も続けようではないか」と提案した。一週間続ければ、何曜日にいちばん多いかのデータが取れる。季節で調べればもっとおもしろい。

このように、人が思いもつかないところに目を向けると、おもしろいのではないだろうか。歩道がきれいになって社会貢献にもなる、こんな楽しい「趣味」もあるのだ。

趣味はほどほどと心がけよう

趣味は「遊び心」を満足させるものだと思う。そして遊び心は、人生を豊かにするものだ。マイナスに働くような趣味は、この論からは外れていると言える。たとえばギャンブルだ。気分転換程度にこういったものを趣味とするのは結構なことだが、そのために借金をし、生活を破綻《はたん》させるまでにのめり込んでしまうと、もはや趣味とは言えまい。

こんな「悪趣味」もある。その男性は、若い頃はスポーツマンだった。仕事に忙殺されて好きな運動をやれなかったが、マラソンならと始めることにした。そして、体力に自信があるその男性は、自分の現状認識を誤り、いきなりフルマラソンを走ったのだという。もちろん膝を痛めてしまい、かなり長く会社を休むハメになり、マラソンもやめてしまったそうである。人生を豊かにするために始めた趣味が、結局は人生の障害になったなんて『論語』の「過ぎたるはなお及ばざるがごとし」そのものではないか。

ほどほどに楽しむからこそ遊べるということを忘れないでおこう。

◎生活の優先順位を誤らない

趣味ものめり込むと、「病膏肓《やまいこうこう》に入る」(重症になって治療できない状態)となったりする。打ち込むのはいいのだが、一方には本業がある。趣味の誘惑がどれほど強烈でも、本業がおろそかになってはいけない。

ちなみに、私にとって飛行機はほとんど「病膏肓」の域である。その私に、新しい機種の試乗の招待状が相次いで舞い込んだことがある。猫にマタタビとはこのことだ。むろん、私はその幸運をたっぷり楽しもうとした。ところが、どの試乗日も、以前から予定されていたスケジュールがすでに入っているではないか。「予定をキャンセルできないか」とも私は考えた。だが結局、私は招待状の返信はがきに「欠席」と書いて投函した。文字通り断腸の思いであったが、本業はやはり、趣味に優先させるべきものだからだ。もし、その時「ええい、ままよ」と趣味に走っていたら、私は今も自責の念にとらわれていたかもしれない。

本業と趣味の切り換えは断固、しなければいけない。その境界があいまいになるようだったら、趣味など持つべきではない。趣味にも本業にも失礼だからだ。

「老い」と趣味の深い関係

ふと老いを考えた時、もっとも気がかりなのは「ぼけ」の問題だろう。介護する家族も大変だが、周囲に面倒をかけて生きる自分もつらい。

ぼけには、なりやすいタイプとそうでないタイプがあるようだ。両者を分けるのは性格である。礼儀正しく、こまやかな気遣いをする好人物だが、その反動もあってか気が短く、暴発するととてつもない癇癪を起こす……という性格の人はかなり危ない。

ほかならぬ我が父・斎藤茂吉がこのタイプであった。外面は非常にいいのだが、それはがまんの産物であって、時に限界に達して、あたりかまわず怒鳴り散らすのだ。父の近くにいた人達は、家族はもちろん、出版関係者など、怒りの標的にならなかった人間はまずいない。また、父には自分の内にこもるところがあったが、これらはみな、ぼけやすさの要素であった。

幸い、父には文学という世界があって、ぼけることは少なかったが、「オレも茂吉ふうだ」と感じている人は要注意。心やすらぐ趣味を今からつくっておこう。

◎「子どもの頃」の趣味は一生楽しめる

父・茂吉は、歌人として知られている。実際、生涯に茂吉が残した短歌は一万八千首近くにのぼり、歌論や随筆なども、かなりの量を書いている。短歌への情熱は疑うべくもない。が、父は短歌一辺倒の人間でもなかった。実は、絵を描くのも好きだったのである。この趣味は子どもの頃からであったようで、今も、当時に描いた凧絵が記念館には残っている。どうやら父はそれを売って、小遣い稼ぎもしていたらしい。

長じてからも、絵を描く趣味は続いた。外国旅行の日記など見ると、スケッチふうの絵が随所にある。印象や感動をとどめるには、文章より絵のほうが表現しやすかったのかもしれない。空襲で病院も家も焼失して疎開することになってからは、絵への情熱が、再びふつふつとわいてきたのだろう。抑えつけてきた情熱がほとばしるままに絵筆をふるい、百近くの作品を描き上げたのだ。

子どもの頃から趣味を、激変する状況の中でも持ち続け、深めていった背景には、茂吉の、すべてに一所懸命で手を抜かない性格があった気がしている。

パートナーにこそ思いやりを

私くらいの年になると、そう毎日のように「ありがとう」や「愛してる」などという言葉は口にできないものだ。もちろん、感謝の気持ちは抱いているのだが……。だが、結婚記念日や誕生日などのアニバーサリー・デイなら、特別な言葉も言えそうである。

私は妻と結婚して五十八年になるが、二十五年目の銀婚式を今でも思い出す。謝恩会という名目でパーティーを開いたのだが、席上でちょっとした演出を思いついた。それは、妻に表彰状を渡すことであった。

妻は齋藤家の長男に嫁いで、さぞ大変だったろうと思う。父母を筆頭にかなり個性的な人間とつき合わなければならなかったし、親戚も多いから、冠婚葬祭では気苦労も多かったに違いない。

それでも逃げ出すことなく、私と人生を共にしてくれている。その感謝の気持ちを綴ったのである。内容は省くが、妻もきっと喜んでくれたと信じている。

以来、節目には、私は妻への感謝を口に出して伝えるようにしている。「夫婦なのだからわかっているだろう」ではなく、実際に口に出すことでお互いの絆は強まる。私が先に逝くなら、家内に「ありがとう」と言って死にたいものだ。

◎「してあげたい気持ち」を惜しまない

人は他人に対してつねに「○○してほしい」と思うものである。

結婚すれば「妻なんだから（夫なんだから）、○○してほしい」と、平然と言うようにもなる。

この「してほしい」には、それが当たり前という気持ちがひそんでいる。「妻なんだから食事をつくって当たり前。洗濯掃除も当然」「夫なんだから仕事をして当たり前。休日は家族サービスするのが当然」という具合だ。そのため「当たり前のこと」がなされないと、相手に不満がつのってくることになる。

しかし、この「当たり前」という概念は、あまり建設的なものとは言いがたい。相手に対する感謝の念が、少々希薄だと思えるのである。

人間はすべからく、生かし生かされているのである。

夫が仕事で疲れているなら「おいしい食事をつくってあげたい」と思えばいい。妻が家事で大変なら「たまにはオレが洗濯を代わってあげたい」と思いたい。
「してあげたい」と思えば、「してほしい」という答えが返ってくるものである。

◎力関係から「思いやり関係」に進む

「嫁は三界に家なし」とは、女は夫の「家」に、実家と縁を切るほどの覚悟で嫁ぐという概念が主流だった頃の昔話だ。妻がひたすら夫に仕えるという構図である。その後、夫は妻の手のひらの上で踊り、妻は夫を立てつつ……というのが、波風の立たない夫婦の賢いバランスだとも言われた。

昨今では、男女は平等であり、夫婦も平等である。夫婦共働きも珍しくないし、夫婦別姓の人もいる。妻も自己を主張し、夫も歩調を合わせて歩むことを望む。

このように、時代はさまざまに変遷するものだが、夫婦としての原則は変わらないと思う。

その骨格をなすのが、相手への思いやりである。

「私ばっかり」「オレだけが」という感情は、関係バランスを崩す。家庭は夫婦が共同で築くものであり、どちらかが負荷を一方的に背負うものではない。

もちろん、いつもバランスよくとはいかない。現実的には多少のズレは生じるであろう。でも、それは互いへの思いやりで乗り切っていく。

それが昔も今も変わらない「夫婦の力関係」のいいバランスではなかろうか。

◎家族にこそ、いちばんいい笑顔を見せよう

「心がいやされる場所は？」と聞かれたら、私は「家族」と答えるだろう。それは、祖父母、父母、我ら夫婦、息子や娘、孫のすべてを包括した意味での家族である。

私は趣味の多い人間だから、それに没頭している時は、すべてから解放された至福の時を過ごす。

だが、それを自分の心地よい空間としていられるのも、家族あってのことだと感じている。

かなり個性的な父と母に育てられたから、決して絵に描いたような理想的な家族ではなかったと思う。傷つくこともあれば、葛藤もあった。妻とも心のすれ違いがなかったわけではない。子どもを育てるにも、すべてが順風満帆であったわけではなかった。

それでも、私のいやしの場所は家族なのである。

いやなところもよいところも、すべて包み込んでくれる人がいるという安心感があ

る。そういった関係を結ぶのは、家族とて簡単なことではないが、私は「家族にはいちばんいい笑顔で接したい」と思い、心がけてきた。

相手を思いやる心を手渡せば、必ず相手からもその心を受け取ることができるのである。

パートナーと喧嘩しそうになったら

夫婦喧嘩は、時に不毛な様相を呈することがある。

「結婚する時に約束したじゃない。家事も育児も二人で分担するって」

「休みの日にはちゃんと家事も、子どもの相手もしているじゃないか」

「毎日お酒飲んで帰ってきて、私だってたまには息抜きしたいわよ!」

「オレのは息抜きじゃない。接待だ!」

……どちらにも言い分があるようだが、もっとも大切なことが抜け落ちていることに気づいていない。

それは、つらいのは自分だけじゃないということである。

「私も大変だけど……」「オレもちょっと強引かもな……」などと相手の言い分に耳を傾け、お互いを思いやる心を持てば、不毛な会話は一転、どんな対策を立てればいいかを建設的に考える側面を持ち始めるものだ。

「謝ってしまえばすむ」とか「もう喧嘩はうんざり……」と一歩引くのではなく、一歩前に進み出て、どう解決するのがベストかを二人で考える。

これが、喧嘩をよいコミュニケーションに発展させるワザだと思うのだ。

◎互いに半歩ずつ歩み寄る

生まれ育った環境が違えば、当然価値観は違うし、互いの生活習慣も同じということはない。

結婚とは、お互いが愛情を抱いてするものだが、価値観や生活習慣をすり合わせて臨むことは少ないから、お互いの相違点を思い知らされるのは、結婚後ということになる。

人間は似たもの同士に安心感を覚え、それを伴侶を選ぶ基準にするが、いざ共に生活してみると「あれっ」と感じることが、ままあるものだ。

長年一緒に暮らしていても、それはある。

私の妻は齋藤家に、大皿から小皿に取り分けてみんなで食卓を囲む習慣をもたらした。コーヒーはゆったりと飲むものということも教えてくれた。

慎重にして完全主義者の妻の価値観は、今も私の楽天的すぎる性格を補ってくれる。私の価値観のいくつかも、おそらく妻は享受してくれているはずだ。それは夫婦が共に築き上げてきた価値観になっていると、私は思っている。

少しずつお互いの個性を認め合い、すり合わせていく夫婦には、元気があるのではないだろうか。

◎好きな人と好きなことをする喜びを覚えよう

結婚して夫婦となり、子どもが生まれて家族となる。そして子どもたちが巣立った後は、再び夫婦二人だけの時間が訪れる。

後は二人で、という段になって「どうぞ、お一人で」と妻が出ていく定年後離婚も少なくないらしい。

「うちは大丈夫」と豪語する人は、「妻の心夫知らず」でないことを祈る。

仕事に追われ、会話といえば子どものことばかり、共通の趣味もなく、気がつけば二人の時間を持てあます……という症状に留意されたい。

私は妻とよく旅行をする。

私が旅好きということもあって、その地域はかなり広範囲だ。

旅はそれでなくても日常から離れた時間であるが、行く先によっては思いもつかない非日常を体験することがある。そんな時、妻との連携は欠かせない。

道に迷わないように協力し、新しい発見があれば分かち合い、突発事態には互いを助け合う。もちろん喧嘩もするが、家では交わさないような会話を交わしながら、私たちは夫婦であることを再認識する。

この旅は、夫婦の絆を深めてくれると言ってもいい。

毎日小さな感動を

人生経験を積んでさまざまなことがわかってくると、感動が薄れる。「世の中のこんなにうまいものがあったのか！」と震えるほどの感動で味わった美味も、何度か食べているうちには「まぁ、こんなものだ」となる。

食ばかりではない。

見る風景、交わす会話、過ごす時間……日常生活のあらゆる場面が、感動とは縁遠くなっていく。

しかし、感動のない人生はつまらない。精神的な高揚感のないまま惰性に流れてしまうなんて願い下げだ。

では、どうすれば感動を取り戻せるか。

私はアルコールの健康医学協会会長ということもあって、毎日の晩酌を欠かさない。量は日本酒一合か、ビールなら一本だが、最初の一杯を口にした瞬間に「おお、うまい！」と声に出して言うことにしている。それだけで、習慣になっている晩酌から新鮮な感動を得られるから不思議だ。

感動は、新しい経験の中にだけ、あるわけではないのである。

朝起きて、真っ青に広がる空に「おお、素晴らしい！」と叫び、奥方がいれてくれるコーヒーに「うん、絶品！」と感動してみる。たったこれだけで気分は格段にリフレッシュされるだろう。

◎感動の日を思い出してみる

心に元気がなくなると、新しいことに挑戦しなくなり、出不精になり、何を見聞きしても新鮮な感動を感じなくなる。

そう、挑戦心の衰退、出会いの減少、日々の生活への慣れなどは、知らず知らず、心に元気がなくなってきていることのバロメーターなのだ。

そんな時、いったいどうすればいいだろう。

私は前述のように、酒を飲んだ時は必ず、「ああ、うまい！」と叫ぶ。家族は「何もそう毎回言わなくても」と言うのだが、私にしてみれば、うまいからうまいと感動しているだけなのである。

こんな人もいた。毎日の通勤列車で、たいていは眠っているか本を読んでいるかで、窓の外などを見たこともなかった人が、ある時、ふっと人々の頭越しに窓外を見ると満開の桜。春の青空。思わず「わあっ」と声を上げてしまったらしい。

これらは、ごく身近なことによる感動だ。

新鮮な感動は、一服の清涼剤になる。何でもいい。「ああ、いいなあ！」と叫んでみよう。心がサッと前向きになるはずである。

◎心を後ろ向きにしないために

前述のようなささいなことに感動できるか、ささいなことを面倒くさがるか。この差は大きい。

私は最近入院をし、前立腺の手術をした。健康であることのありがたみが、つくづくとわかったものだが、これも小さな感動であろう。

感動すれば「退院したら、あれもしよう、これもしなくては」と前向きな考えが浮かんでくる。

私は旅が好きだからすぐにでも出かけたいところだが、病み上がりではそうもいかない。

だが、そう思っていたら、二十一世紀最初の航海と銘打ったハワイ・クルージングの船上講師を頼まれ、思い切って出かけてみた。思い切って乗船したら、体の回復は早かった。

もしここで「出かけるのはおっくうだ」と考えていたらどうだろう。たちまち心は後ろ向きになってしまう。何だかんだと理由をつけては出不精になる。感動が薄れ、好奇心の芽は育たない。新しいことにチャレンジする冒険心もわき上がってこない。

人生が閉塞《へいそく》状態に陥ってしまわないように「このままでいいのか」と自問し「このままではいけない」と自答しよう。

何でもいいから、テーマを見つけて行動を起こしてほしいのである。

第2章

小さなテクニックで人間関係をストレスにしない

つかず離れずの関係を築こう

つかず離れずが快い人間関係の秘訣《ひけつ》だと、よくいわれる。しかし、これが難しい。親しさが増すと、ついつい、ちょうどよい「距離」を見失ってしまうからだ。

相手の気持ちを気遣うことなく心の不可侵地域に踏み込む、することなすことといちいち口を挟む……。その結果、相手を深く傷つけ、お互いが悩むことになる。親しければ親しいほど、その悩みは深いだろう。

心理学ではこうした状況を「ヤマアラシのジレンマ」と言う。

ヤマアラシは外敵から身を守るためにトゲを身にまとった動物であるが、寒い時は体を寄せ合って暖を取りたいとも願う。しかし近づけば自分も相手も、トゲで傷だらけになる。すりよっては離れ、離れてはまたすり寄りながら、いつしかヤマアラシはちょうどよい距離で暖を取り合うことを学んでいく。

自分も傷かない、相手も傷つけない距離。しかしお互いはそれでも十分暖かさを分かち合っている……。

こんなつかず離れずの関係は、相手を思いやるところから学べるはずである。

◎友情に休日を設ける

「おはよう」と挨拶を交わしてから、終業まで約八時間。「一杯やっていくか」と声をかけ合えば、最低でも二〜三時間。会社の人間とは、合計で一日の半分近く顔をつき合わせることになる。毎日顔を合わせているのだから、そうそう新しい話題もない。それでもなぜか、つき合いという名目でダラダラ……。

こんな毎日を繰り返せば、人間関係がよどんでくるのは当たり前である。人づき合いが窮屈になるのも当然だ。

なぜならば、メリハリがないからである。神経がとがってくれば、人間関係は、もっとギクシャクしてくる。

神経を休めるなら、一人の時間を持つことをすすめたい。疲れた日はさっさと引き上げて休むといい。スカッとドライブしたり、休日にはブラブラ出かけるのもいい。とにかく、一人だけの気分転換をしてみるのだ。人間はずっと一人でなどいられないもの。一人だけの時間を満喫したら、きっと人恋しくなっているだろう。

とがった神経が丸くなれば、相手への思いやりも復活する。人づき合いはこんな方法で、ラクになるのである。

◎友情から金銭を遠ざける

お金をめぐるトラブルはつきない。血肉を分けた兄弟が遺産争いの果てに絶縁するケースは少なくないし、新聞ざたになることもしばしばある。

人間関係は、時に、相手まかせ、時間まかせにするとうまくいくことがある。しかし、お金まかせにするのは考えものである。

私にも、お金に関する苦い思い出がある。小学校、中学校と通じて机を並べた友人が、借金を申し込んできた。なんとか工面して用立てたのだが、彼からの音信はなく、借金の返済もなかった。たった一度のお金の貸し借りが、長年の友情を壊したのである。

友人と飲み、語るために使うお金は友情を深めるが、窮状に手を差し伸べるつもりで貸すお金は関係をダメにする。親しければ催促がためらわれるし、かといって返済してくれなければ恨むことになる。親しい友人であればあるほど、お互いにお金がらみの話は持ち込まないほうがいいというのが、その時の経験で得た教訓だ。

◎会社以外の友人と仕事を離れて会う

会社帰りの一杯は、会社仲間の親密さを築くには絶好の機会だ。お互いの仕事を反省し合い、ビジネスの夢を語り合う会話も、適度なお酒の力を借りればスムーズにいくものである。しかし、いつもそんな建設的な会話が成立するとは限らない。会社の同僚、先輩後輩との一杯は、やっぱりグチに終始してしまうことになりがちだ。

だから、時には会社の人間関係と離れて、昔の友人に会う時間をつくろう。

高校や大学時代の友人に会ったり、同じ趣味を持つ人、あるいは行きつけの飲み屋で知り合った人など、とにかく仕事や日常生活を離れた友人に会ってみるのだ。

楽しかった昔話に花を咲かせるもよし、異業種の動向を聞いてみるもよし。日頃、縁の薄い世界を垣間見ることによって、気分は確実にリフレッシュする。

収集した情報が、よどんだ会社の人間との会話に、新しい話題を提供することだってある。私自身、本職以外にいくつも会長職や理事をかけ持ちしているが、毎日が実に新鮮である。

初対面の相手の攻略法

ある程度親しい間柄なら、相手の目を見て話すことに抵抗はない。が、初対面の相手では、なかなかそうはいかない。ともすれば、視線があちこちをさまようことになったりする。

しかし、視線を泳がせるとおどおどした印象を与えるし、下手をすれば「よからぬことを考えているのではないか」という疑念を抱かせることにもなりかねない。

目を見すえるのも威圧的で感じがよくないから、適度に視線を外すのはかまわない。ただし、相手に注目しているという姿勢はキープしたい。

そのためには、視線の動きを、せいぜい相手の顔の範囲から首くらいまでにとどめることだ。視線を時に唇に移すとか、ネクタイのあたりに持っていく程度なら、失礼になることはないし、こちらも「視線をそらせたらまずい」という強迫観念から解放されて気がラクになるものである。

そして、視線を外した時には、あいづちを打つなどして「話をしっかりと聞いていますよ」とさり気なくアピールすると、さらにお互いがラクになれる。

◎「第二印象」こそが出会いを決める

初対面の相手を前にすると誰でも緊張をするし、身がまえる。だから、本来の自分を率直に出せないまま対面が終わってしまうことがほとんどだ。

厄介なのが、それが第一印象として相手にインプットされてしまうことである。

第一印象を決定づけるいちばんの要素は外見である。だが、容貌や身なり、言葉遣いや物腰に自信がない人には、なんとも不条理というしかない。

しかし、よい第一印象を与えられなかったと悲観することはない。よほどの失態をして、「二度と私の前に現れるな！」と怒鳴りつけられたのでもない限り、リカバリーはできるのだ。

初対面の時のことを思い出し、何が相手によくない印象を与えたのかを謙虚に検証してみよう。

話を聞く態度は好ましいものだったが、プライドを逆なでするようなことを言わなかったか、自己主張をしすぎなかったか……。

思い当たるところに注意して、次の対面に臨もう。

第一印象を超える第二印象は、相手に強烈な好意を植えつけるはずだ。

◎失敗しても次の出会いがある

私はパーティーが好きだ。

会合があるといえば極力出席するし、対談を頼まれれば気軽に引き受ける。新しい友人となるであろう相手と会うのは、楽しみなのである。

しかし、新しい出会いをおっくうだと感じる人もいる。恐怖だと思う人も、中にはいる。

初対面の相手の前では顔を赤らめてしまったり、ドギマギして挨拶もうまくできない。そうなることがわかっているから、出会いを拒絶してしまうのだ。

これを精神医学的には、対面恐怖症という。

対面恐怖症になりやすいタイプは、神経質で内閉的で劣等感を感じやすく、しかも欲求水準が高い。

多かれ少なかれ、こうした傾向は誰もが持っている。

女優の吉行和子さんも、かつては対人恐怖症だったそうである。彼女は「自分を嫌いにならず、変わりたい自分を思い描いて克服した」と語っている。

そうした自分を実現していくには、場数を踏む以外に方法はない。

まずは、自己紹介から始めよう。

うまくいかなくても「次があるさ」と思えばいい。繰り返し場数を踏んでいけばいいのである。

新しい出会いは必ず、あなたの気分をリフレッシュしてくれるものである。

会話なんて難しくない

好意を抱いている人と会話が弾むと、幸せな気分になるものだ。

それほど好きな相手でなくても、「へえ、コイツこんなところがあったのか」と新たな発見をする会話ができれば、人間関係に前向きになれる。

悩みを聞いてもらってスッキリする、趣味の話題で盛り上がる、恋の予感のする会話でドキドキする……。大いに話し大いに聞いて、お互い元気になりたいものである。

会話はキャッチボールだと言われる。まさにその通り。「そうですね」「えっ、知らなかったなあ」「さぞ大変だったでしょう」などと、時に共感し、時に驚き、時に称賛する。あいづちが、ボールなのである。

だが、中にはとんでもない悪球がある。それが「しかし」「でも」だ。議論には欠かせないこのフレーズも、楽しい会話ではしらけさせる元凶となりかねない。相手を拒むニュアンスを与え、いちいちつっかかる印象を免れないからだ。

「否定のあいづち」は極力使わないのが賢明である。無意識の言葉グセで幸せな気分を逃してはもったいないではないか。

◎「聞き上手」は「話し上手」でもある

自分のことだけをペラペラとしゃべりまくる人は、一緒にいても疲れるだけである。運よく言葉を挟むことができても、そういった人は、たいていの場合こちらの言うことなど聞いていない。再び会話の主導権を握り、あげく「今日は楽しかった」などと言いながら去っていく。

思い当たるフシがあるなら、会話の上手な人を思い浮かべてみてほしい。「楽しい会話」を提供してくれた人は、きっと、聞き上手な人であるに違いない。

一方的にしゃべりまくるのは、自己主張ですらなく、身勝手というものである。だが、相手はそんな会話につき合ってくれたのだ。その人はどんなあいづちを打ったのか？　どんな目線を送ってくれたか？　話と話の間に沈黙はあったか？　おそらく、その人は話の合間に「それでどうしました？」と会話を促したり、もっと強調したいという話の内容に、興味を示す言葉を投げかけたはずである。だから楽しい会話ができるのだ。

人間、話し上手より、聞き上手を学ぶべきなのである。

◎会話のタブーを守ろう

若い人たちは、気楽に男女の会話を楽しんでいるようである。戦前に生まれた私にはうらやましい限りである。が、私とて、相手を飽きさせない巧妙な語り手である（！）。

そこで、一例として、女性との会話でのタブーを教えよう。一対一の場合のタブーは、相手の劣等感に結びつくような言葉だ。たとえば「ふっくらしている」とか「化粧が厚い」とかはもちろんダメ。「顔より中身」など、フォローしたつもりの失礼もある。集団でのタブーは、容姿や服装に対するほめ言葉だ。一人だけにスポットが当たってしまっては、ほかの女性が怖いからである。この基本を押さえ、あとは少しずつほめよう。

私は会う人ごとに「また若くなりましたね」と言うのが口癖になっている。「そんなにいつも言われたのでは、私は幼稚園児になってしまいます」と切り返したご婦人がいらしたが、実にウィットに富んだ答えであった。しかし、何よりの会話の妙は、話題が豊富だということだ。「こんにちは」で終了の会話は、つまらない。

これが私の会話の楽しみ方なのだが、さて、あなたはどうだろう。

もっと親しくなれるちょっとしたコツ

「おはよう」「こんにちは」の挨拶は、最小限のコミュニケーションである。

毎朝通る改札で駅員さんに「おはようございます」、会社の守衛さんに「こんにちは」と言えば、立派なコミュニケーションだ。通りすがりにただひと言声をかけるだけなのに、なぜか気持ちがいい。たぶん相手も快いはずだ。

挨拶は、「今日も一日よろしく」「またお会いできてうれしい」などの意味でもあるからだ。

とすれば、日頃つき合いのある人には、挨拶をおろそかにしないのはもちろん、あとひと言を加えるのがいい。

女性から男性へなら、「ネクタイの趣味がいいですね」「久々にお会いしたら、お若くなったみたい」とか、男性から女性なら、「今日もさわやかだね」「ちっともお変わりなくて」とか、ちょっとしたほめ言葉だとなおいい。相手の心をくすぐるし、相手の存在を認めていることの伝達でもあるからだ。

私の祖父・紀一は病院の職員とすれ違うたび「いやあ、ご苦労ご苦労。毎日大変だね」と声をかけ、ほめてさわやかな気分を振りまいていたものだ。

あなたも、自分の中に引き込もらず、外に向かって声を出そう。

◎相手を名前で呼ぼう

ビジネス上の関係でも、相手をファーストネームで呼ぶ国がある。習慣といえばそれまでだが、セカンドネームよりはグッと親しい間柄のように思える。

これは日本のビジネスシーンでは、できないことである。

だが、「斎藤さん」「鈴木さん」などのように、会話に相手の名前を交えることはできる。

そしてそれは、親密度を増すいい手段なのである。相手を「○○社の営業部長」というポジションだけではなく、個人としても認識しているニュアンスを感じさせるからだ。

名前を呼ぶためには、相手の名前と顔をしっかり頭に入れておくことが必要だ。親しげに、まるで違う名前を呼んだりしたら、取り返しがつかない。

名前と顔を間違えなく記憶するポイントは、名刺交換時にある。

名刺にササッと、相手の印象や特徴をひかえておこう。著名人に似ていれば「茂太」などと記しておくのもいいし、メガネが印象的なら「べっこうブチ」と書いてやってもいい。

相手の印象や特徴を考える作業を行うことで、記憶はがぜん確かなものとなるのである。

◎適当なあいづちで関係を良好に

人間の性格は千差万別であり、中にはホトホト困った人もいる。しかし、できれば敬遠したいタイプも、上司となると「おつき合いは遠慮させていただきます」というわけにもいかない。

「困った上司」の多くは、地球は自分を中心に動いていると信じて疑わない。だから、取引先の人物評一つとっても「あの課長は判断力に欠けるよな。こっちが決断を迫っても言を左右にして結論が出てこないんだから。な、君もそう思うだろ」といった調子で、持論ばかりを押しつける。

反論の一つもしたいところだが、真っ向から反対するのは考えものである。異を唱えれば、それこそ逆ギレされて、どやしつけられるという理不尽な目にもあいかねないからだ。

この手には、適当なあいづちがもっとも有効かつ無難な対応法だ。

「はぁ、そんなものでしょうか」

「ええ、そうかもしれませんね」

この辺が定番だろう。

心の中で舌を出していようと、同意を装っていれば、叱責を受けたり恨まれたりする気づかいはない。

友人にしたい人、したくない人

「類は友を呼ぶ」と言う。

実際、友人を見回してみると、同じような性格の人間が多いのではないだろうか。似た者同士は確かに親しくなりやすいし、反発し合うことも少ない。一緒にいて居心地がいい。

しかし、私はあえて「似てない者同士」の友人を持つことをすすめたい。

「何も性格が正反対の人間と友だちになることはないじゃないか。しょっちゅうぶつかり合っていたら疲れるし」と、そんな反論が聞こえてきそうだが、性格も感じ方も、考え方も違う友人は、肝心な場面で、きわめて強い味方となるのである。

たとえば、難題に直面して意見を求めた時、似た者同士であれば「やっぱりそうか。オレもそう考えたけど、それしか解決の道はないか」となりやすい。

ところが、似てない者同士はひと味もふた味も違う。「おお、そんな考え方があったか。考えつきもしなかったけど、なるほどね」というふうに、まったく違う発想や解決策をもたらしてくれるのだ。

自分にないものを補ってくれる、似てない者同士の友人は貴重なのである。

◎攻撃してくる人は遠ざけよう

やたら批判をビシバシ繰り出すという人がいる。

たとえば、こちらは軽い気持ちで「あの人はエステに通っているんだってさ」と噂しただけなのに、「エステなんて危ないだけ。だいたいエステに通って、きれいになると思っているのかしらね」と、どういうわけか話が「あの人」批判になってしまったりする人だ。

そんなつもりで話したのではないと言いたいが、反論したらしたで、今度は批判の矛先がこっちに向かってくる。

一事が万事そんな調子の体中にトゲをつけた人、つまり過剰攻撃してくる人は、たいてい過剰な自己防衛の人である。

このタイプの人は、批判の矛先が自分に向かってくるのが怖いのだ。だから先手を取って批判しまくるのである。

自分を守るために内にこもるタイプとは、根は同じでも行動が逆なわけだが、こういう性格は相手をうんざりさせるだけでなく、自分自身の心も疲れさせる。
心を許せる友だちはいるか？
人間関係に臆病になっていないか？
夜はぐっすり眠れるか？
あなたも、自問してみよう。そして過剰防衛の相手は遠ざけよう。

嫌いな人を好きになる考え方

誰にでも、「どうも好きになれない」という嫌いな人がいる。

ことごとく感性が違い、すべてに自分とは相容れない応じ方をする。そんな相手とやむなく同席となったら、座ったとたん、会話はしぼみ、気分は重くなるだろう。

しかし、そこで心を閉ざしてしまえば、それまでだ。

いかに嫌いな相手でも、まったく長所がないかといえば、そんなことはない。人間は多面的である。「短所」という側面で見ればがまんならない行動も、「長所」という側面から見ると、その人の隠された面が浮き出てくるものだ。

ここはひとまず、嫌いな部分には目をつぶり、長所に目を向ける心で接してみてはいかがだろうか。

かの映画評論家の淀川長治氏が、こんなことを言っておられた。

「人間は皆、根はいいひとばかりなのだから、嫌いだと思ってはいけない。自分が相手に愛情を抱けば、相手もそれに応えてくれるものだ」

嫌いな人を少しだけ好きになる努力をしよう。相手も少しだけ、あなたに好感を抱いてくれる。

疲れのない関係は、そこから始まるのである。

◎苦手な相手を研究してみよう

人間のタイプは、実にバリエーション豊かである。同じ人間は一人としていない。

だから一人や二人、相性の悪い相手がいても、当然なのである。

ウマが合わない、ソリが合わない、生理的に受けつけない、どうにも虫が好かない……感じ方はさまざまであろうが、とにかくしっくりといかない。そんな相手が身近にいるだけでストレスを受けてしまうのだから、人間とは厄介なものである。

そういう相手に対しては、がまんしながら、少しだけ「研究」をしてみてはいかがだろうか。

相性が悪いという感情は、たいていの場合、はっきりとした理由のないことが多い。その「なんとなく」を探求してみるのだ。

私はヘビが苦手である。どうもあのヌメヌメとした感じが好きになれない。

ところがある時、中国料理店で極上のスープをいただいた。後で聞くと、それは毒ヘビのスープだというではないか。

私はこの時、どうにも好きになれないものにも、いいところはあるものだと実感した。

人間に抱く感情も同じではないだろうか。

「嫌う」から「嫌われる」

人間には嫌いなものから遠ざかろうとする本能がある。たとえば、テレビを観ている時、私なら画面にヘビが映ったら目をそらす。嫌いなタレントがアップで登場したら、思わずチャンネルを変える人もいるだろう。料理に混じった嫌いな食材を脇に寄せるのも、同じ本能である。

日々の人間関係の中にも、もちろん同様の本能は働く。違うのは、相手は生身の人間であり、遠ざかろうとする気持ちがダイレクトに伝わってしまうことだ。

「嫌われている」と悟った相手は、どんな行動に出るのだろうか。たいていの人は、傷つかないためにバランスを取ろうとする。疎《うと》まれたのと同じだけ、自分からも距離をおこうと考えるのだ。もし自分に対して、視線を合わせない、話にあいづちを打たない、よそよそしい……という人がいたらそれは、自分自身の態度を映し出す鏡だと知ろう。

嫌いな人には、好かれないのである。

好かれぬまでも、さざ波の立たない関係を望むなら、まずみずからの態度を振り返ってみればいい。

◎悪口は自分が疲れるだけだ

悪口、陰口が好きな人がいる。会話を交わせば、必ず「彼にはだらしがないところがある。きっと女性問題で失脚するよ」「あいつの営業力じゃ、成績なんか上がりっこない」などと他人をおとしめるフレーズが登場する手合いだ。

当人は「それに比べて自分は……」と、すぐれた自分、素晴らしい自分をアピールしているつもりかもしれないが、そうは問屋がおろさない。この種の人々に下される評価は「誰の悪口を言うかわからない、信頼のおけないヤツ」というものだからだ。

そう、悪口は他人をおとしめるのではなく、実は自分をおとしめるのである。

悪口の背景にあるのは多くの場合、劣等感だ。

モテない自分を感じているから、モテる人を「だらしない」と批判してバランスを保つ。営業力のなさがわかっているから、誰かを自分より下だとけなすことで自己満足にひたるのである。

しかし、いくら声高に叫ぼうと、モテない自分、仕事ができない自分は変わらない。

周囲から人が離れていくだけである。悪口を言ってみずから疲れる愚はやめよう。

◎自分の「加害状況」を検証せよ

無意識に、人を傷つけてしまっていることがある。なにげないひと言が、相手のプライドにグサリと突き刺さったりするケースだ。

もっとも典型的なのが、子どもを叱咤激励するつもりの「しっかり勉強しないと、お父さんみたいになっちゃうわよ」といういいぐさだろう。槍玉にあげられたお父さんは、たまらない。奥方に悪意はないのかもしれない。ちょっとしたものたとえに、お父さんを拝借しただけということなのだろう。しかし、お父さんのプライドは粉々に砕け散り、さらには父子関係にも確実にヒビが入る。

だが、これはほんの一例だ。ビジネス場面でも友人関係でも、恋人同士の間でも、プライドを傷つけるなにげないひと言を発していることは少なくないのである。

受け取る相手の立場になって、自分の言葉を検証してみる。そんな姿勢がいい関係、よりよいコミュニケーションの礎《いしずえ》になるのである。

考え方は人それぞれ

なくて七癖といわれる。自分では気づかなくても、人間には必ずクセがあるのだ。話し方にもそれはある。その人が会話に入ってくると、必ず話が一定の方向にまとめられてしまい、発展しない。

「ふつうそんなふうには考えないだろう」「こんな仕事の進め方は絶対にしない」「そうすべきじゃないと思うね、オレは」……このように、自分の「常識」を相手に押しつける話しグセである。真実はたった一つで、それ以外の見方、考え方をハナから排除してしまっている。その結論を人にまで強要しているのだ。いったい、何を基準にそこまで言い切れるのか聞いてみたいものだが、こうした話し方をする人は決して少なくない。

周囲の人がそれを押しつけがましいと感じていることに、気がつかなければならない。自分の意見を言うことと、それを人に押しつけることとは違うということを、肝に銘じよう。

◎基準は人によって違うもの

人に自分の考えを押しつける人は、ほとんどの場合支配欲が強い。相手を組み伏せ、意のままに動かそうとする。権力を持てばさらにその欲求は高まる。自分の意見にこそ正義ここにありという顔をする。実にいやな人間だ。

その「いやなヤツ」が、自分の中に存在してはいないだろうか。

たとえば、人に頼みごとをしたとしよう。だが、できあがったものに納得がいかない。「どうしてこうなるんだ。自分だったらこうしたのに」と言っていないだろうか。あるいは「自分はここまで尽くしているのに、あなたは私に何をしてくれた？」と思うことはないか。

自分の善意、価値観、がまん、好みを人に押しつける人は、支配欲に心を曇らせ、相手の努力や意思、気持ちが見えなくなっている。だから、不満だけが残ってしまうのだ。このままでは、自分自身が窮屈になるだけだ。

自分の尺度でものを見るのをやめて、相手の尺度に目を向けてみよう。

何を基準に考えたのか、何をしたいと望んでいるのか、そう考えてみるだけで、視野はグンと広がるはずである。

◎「ありがたい」が「ありがた迷惑」になってしまう時

よき時代の下町人情が失われて、久しい。芋がおいしく炊けたと言っては、おすそ分けを近隣に配る。お返しに田舎から送られてきたみかんを二つ三つ手に持って、隣を訪ねる。わんぱく坊主がいたずらをしたら、人の子であろうと諫《いさ》める。

下町で交わされていたのは、おそらく、たわいもない善意だったと思われる。ただ、善意が押しつけがましくなったら、それを言い合える環境にもあったのだ。だからこそ、快適な共同体が築けていたのではないだろうか。下町界隈の人情が、人間同士のつき合いの原点だと言われるゆえんである。

では、善意と、善意を超えた押しつけがましさの境界線を、どこに引くのか。難しいところではあるが、答えは単純な発想から導かれる。自分の価値と人の価値は違うのだと知ることである。たまたまお互いの価値が同じこともあるが、しかし、それを前提にしてはいけない。「ありがたい」が「ありがた迷惑」になるのは、相手との価値基準の違いを見失った時なのである。

◎見返りは期待すべきではない

人間は勝手なもので、自分が相手にしたことはよく覚えているのに、相手からしてもらったことはコロッと忘れてしまうようだ。

この傾向が強い人は、自分が相手に「してあげた」ことばかりを言い連ねる。「してあげたのだから、私にもしてくれるべきだ」というわけである。

だが、この論は根っこのところで破綻している。

たとえば、バレンタインデーの義理チョコ。体裁や習慣で配ったはずなのに、ホワイトデーにお返しが返ってこないとどう思うか。「義理なんだからお返しはいらない」とは考えない。義理であったことはすっかり忘れ、「チョコ、あげたのに……」と憤慨するのではないか。

こんな心理は男性も同じ。人間は、大なり小なり相手に過剰なギブを期待する。「してあげた」のだから「してもらうのは当然」だと思うわけだ。

「してあげたい」という気持ちで行動しよう。その結果「してもらった」ら、ラッキーなおまけだと思おう。こうすれば、人間関係はもっとラクになる。

「なかったことにしよう」と思ってみる

「何もなかったことにしよう」と、私は一人、胸中でつぶやくことがある。

すると不思議と、心に元気が出てくるのを覚える。

夏目漱石の『草枕』の冒頭に、

「どこへ行っても人の世だ」

という言葉がある。

人間は、人との関わりの中で生きていて、脱出することは不可能だ。しかも、人と人との間で、摩擦の起こらないことはない。だから、いかにその中で心地よく生きていくかを考えるのだ。

摩擦が起こったら、起こったことをくよくよ悩まず、解決する方法を模索してほしい。

そのためには、何もかも水に流してしまうことだ。

むかついたひと言も、手痛い仕打ちも、すっかり忘れてニコニコと笑顔を振りまくのだ。

「そんな人格者みたいな」と思うだろう。

しかし、これをしないと人間は、罪悪感情のスパイラルにはまってしまうのだ。

「あいつは……」「あのひと言が……」という怒りに心をからめとられて、前に進めなくなる。

マイナスのこだわりはプラスの感情を生み出さないのだ。

だから、「何もなかったことにしよう」。

そう思える人が、人生に底力のある人である。

◎当日中に「八つ当たり」をする

いつも穏やかな気持ちでいられたら、どんなにいいだろう。

だが、こと他人に対して平常心を維持できる人はそうはいまい。

カチンとくるひと言を浴びせられたら「こいつ！」と思う。

理不尽な振る舞いをされたら「バカ野郎！」と叫びたくなる。

それでも今一歩のところで踏みとどまっているのは、自分が社会の一員であることをわかっているからだ。

だが、「こいつ！」「バカ野郎！」は心にしまっておくと、そのうち爆発してしまうかもしれない。

がまんは美徳ではあるが、ストレスの元だ。鬱憤《うっぷん》は小さなうちに発散してしまうに限る。

私は、ムシャクシャした時はとにかく紙に書く。永遠に門外不出にせねばならないほどの言葉を羅列してしまうこともあるが、書くとその瞬間から気持ちがスッキリするのだ。で、翌日には何事もなかったかのように笑顔を振りまく。無理ながまんではなく、自然に相手に寛大になれる。

発散方法は何でもいい。

カラオケ、スポーツ、大声で叫ぶ……。

解決方法はたくさん持っているほうが、望ましいだろう。とにかく、その日の鬱憤はその日のうちに発散するのがベストだ。

誰からも好かれる必要はない

周囲に自然に人の輪ができるタイプがいる。

仕事ぶりも容姿も特に傑出しているわけではないのに、なぜか、みんなに好かれる。

その秘密はどこにあるのだろう。

彼らは、自分が好かれようとするより、自分の周囲を好きになろうと努力しているのではないだろうか。

誰でも「好かれたい」という思いは強い。

しかし、好意を求めて待つだけというのは、怠慢であり傲慢《ごうまん》である。そんな人間が好かれるはずがない。

まず自分が相手を好きになり、相手の幸せを思いやることである。

友人でも、会社の同僚でも、趣味の仲間でもいい。手始めに誰か一人を好きになり、その関係を大事にする。いい人間関係はそこからスタートすると言っていい。

だが、誰からも好かれる必要はない。

今いちばん大切だと思う人に、精一杯の情を向けるだけでいい。人を思えば、人に思われる。

そういう人間心理の基本を実践していれば、人の輪はいつか広がっていく。悩みを聞いてくれる人、仕事にヒントをくれる人、力を貸してくれる人……。あなたに「まかせとけ」と言ってくれる人は、そこから生まれてくるのである。

◎「好きな人が友人」でいい

人間は、いくつかの塊《かたまり》の中で関係を結んでいる。

会社という塊、学校という塊、育児サークルなんて塊もあるだろう。家族、親族の塊もある。近所づき合いも塊の一つだ。

こうした塊の中のすべての人とうまくやっていくのは、それほど簡単なことではない。

会社なら、いやな上司からの命令を受けなければならないだろうし、好きな相手と結婚しても、その親族までを愛せるとは限らない。新しい家へ引っ越しをしたら、どうにも印象の悪いご近所さんとつき合うハメになったりもする。

環境を選ぶのは自分だが、そこに存在する人間まで選ぶことはできないのである。

人はこうして人間関係を選ぶ。摩擦が起きないよう、被害を少なくする努力をしながら、感情をコントロールして生きている。

かといって、いつも息苦しいかといえば、そんなことはない。気の合う相手を選び、親密さを築いているからだ。

そう、塊の中でも、人に平等に接しなければいけないということはない。

好きな人を選んで、大いに結構。感情を優先してまったく問題はない。それが友人を選ぶ基準である。

◎嫌いな人間がいて当たり前

「やさしくていい人間」でありたいと願うのは、悪いことではない。だが、そのあまり、自分を失ったら、元も子もないというものである。

確かにやさしさは、人間のもっとも美しい資質かもしれない。

しかし、だからといって、いつでも誰にでも、やさしくなんかできないのが、これまた人間なのだ。

ちょっと気分がいらだっている時に声をかけてきた人に、キツイ対応をしてしまったとしよう。

そこで「ああ、自分はなぜ、やさしくできなかったんだろう」と自分を責める人がいるが、そこまで自分をがんじがらめにすることはないのである。

ムリをすれば苦しくなるだけだ。時には声を荒げたり、ぞんざいな態度をとったっていいではないか。

世の中には嫌いな人間もいれば、悪意を持った人間もいる。

聖書は「汝の敵を愛せよ」と言うけれど、その理想に近づこうとする意思が尊いのであって、現実に全人類にやさしく接することなど、簡単にできることではないのだ。

やさしさも愛も、自分らしく、自分流を貫けばいい。

「らしさ」からはずれたことをするから、元気がなくなってしまうのではないだろうか。

いやなことをはね返すテクニック

自分の気分は自分で変えることもできるが、人の口に戸は立てられない。

噂や悪評は、根拠がなくても、その伝播《でんぱ》力には目を見張るものがある。「彼は美人の女性部下とただならぬ仲みたいだよ」「どうも取引先から裏金をもらっているようだ」などと、身に覚えのない噂を立てられたら、心のいやしどころの話ではない。

風評が原因で社会的な立場が危うくなったりすることもあるのだから、潔白を証明しておくことも必要になる。

では、どうすればよいのだろう。

まずは、出所を確かめることだ。発信源は誰で、どのように広がっていったかをただろう。

噂には尾ひれがつくのがつねだ。不倫疑惑の火元が、帰りに部下とたまたま一緒になって一杯飲んだところを目撃した同僚の、たくましすぎる想像力であったりすることは珍しくない。

出所がわかったら、毅然たる態度で対応しよう。

「この間、同じ店にいたんだって？　声をかけてくれればよかったじゃないか」

噂など歯牙にもかけていないという態度を見せれば、相手も自分の軽率さを恥じるだろう。

元を断てば、噂や悪評の消滅に、さしたる時間はかからないものだ。

◎不都合なことにはかかわらない

人はしばしば「都合の悪い事態」「ばつの悪い状況」に遭遇する。わがままパワーに満ちた我が母・輝子が、そんな時どうしたかを話そう。

母は写真に撮影場所などを書き込むクセがあり、茂吉がゲーテ像の前に立つ写真に「ワイマールにて」と書いた。だが、これがとんでもない間違いだった。

書物にも使われていたその写真を見たらしい、ドイツ留学の経験のある学者の方から「あれはワイマールではなく、ウィーンのブルクガルテンの南角、オパーリングとゲーテ・ガッセが交わるゲーテ像の前です」と指摘をいただいたのである。ウィーンに私が行った時、真っ先に確認したら、指摘どおりであった。

まさに汗顔の至りだが、ここは母の誤りをやり込めるチャンスでもある。

後日、母とヨーロッパを旅した際に、私はそれを実行した。

母をゲーテ像前まで引っ張っていき、「さあ、とくとご自分の目でご覧あれ」とやったのである。

が、ギャフンとなるはずの母は、「そうね」と軽く受け流し、とっとと話題を変えてしまった。してやられた。

都合が悪ければ瞬時に話題を転じる手口は、落ち込み知らずの秘訣であったようだ。

◎いやなことは「やめてくれ」と言う

言葉の暴力というものがある。

売り言葉に買い言葉で、互いに相手の痛いところをつく。悪意を持つ人間が相手に一方的に悪口雑言を浴びせる……。

だが、これらはいわば確信犯的な言葉の暴力であり、いっそさっぱりしている。売り言葉に買い言葉ならお互い様だし、相手が悪意を持ち続けているなら、関係を断ってしまえばいい。

問題は、相手の意図が判断できない場合だ。

無意識なのか意図的なのかはわからないが、とにかくこちらはズシンと心にこたえ、ひどく傷ついている。だが、相手は知らん顔。

そんな時は、「ひどいことを言う」「どこまで自分を傷つけるつもりだ」などと、心の中で決めつけるのはよくない。

端的な言葉で穏やかに、だが面と向かって「今の言葉は私を傷つけるものだ。もう言ってほしくない」と頼むべきである。

こちらの思い込みだけで傷ついているなんて割に合わないし、相手に悪意がなかったのなら、誤解を解いてわかり合い、気持ちをスキッとさせたほうがずっといい。

何も言わずに相手への恨みをつのらせても、傷ついた心はいやされないのだ。

◎「敵を愛さない自分」を愛そう

「罪を憎んで人を憎まず」という。許すことの大切さを教えた言葉である。

ひどい仕打ちを受けても相手を許すことができるのは、確かに美徳に違いない。

しかし、たとえば恋人に騙されて大金を巻き上げられたなどという場合、相手を許すことができるだろうか。「しかたがないさ。彼女にも事情があったんだろう」と言ってはみても、本音のところでは許せないのが普通の人間だ、と私は思う。

人には誰でも、自分なりの善悪の基準がある。それにしたがって「許せること」と「許せないこと」の境界ラインもあるはずだ。

許せる範囲をはるかに超えた行為を簡単に許してしまうのは、自分に対する裏切りであり、偽善である。

周囲はわけ知り顔で「もう許してやれよ。それが器の大きさだ」とか何とか言うかもしれない。器うんぬんと言われると弱いのが人間だが、安易に周囲の言葉に妥協することはない。

許すも許さないも、決めるのは自分だ。

心が許していないのに許したフリをする必要などどこにもない。「許さない！」と怒るほうが気分はいやされる。

小さな言葉の大きなパワーを信じよう

とある人の話をしよう。

その人の夫は、それこそ家では何もしない人だったという。

「灰皿はどこだ」「新聞取ってくれ」「飯はまだか」……。

妻が忙しく立ち働いていても、いつも何かしら用を言いつける。「足も手もあるんだから、たまには自分でやってみたらどうなの！」と思いつつ、妻は夫の要望に応えるのが習慣になっていたという。

そんな夫がある日、台所で洗い物をしている妻の横に、ポンと汚れた灰皿を置いていった。

思いもかけない夫の行動に妻は思わず、「わっ、ありがとう」と口にしていたそうだ。本当にびっくりしたし、うれしかったからだ。そう言われた夫も、まんざらではなさそうな様子。

その日から妻は、夫が「してくれたこと」には、極力大げさに「ありがとう」を連発するようにしたという。

それが夫を操縦する手練手管という意識からではなかったそうだが、それ以来、夫は手も足も動かすようになったばかりか、さりげなく妻の仕事を手伝うようになったのだという。

感謝の言葉には不思議な魔力があるものだ。

とくに「ありがとう」の言葉には……。

◎言葉一つで、見方が変わる

人間には誰にも、一つや二つ、欠点はある。

「あれがなければ、あいつもいいヤツなんだけどなあ」と思うこともあるだろうが、それは傲慢というものだ。

自分を振り返ってみればいい。自分にも、人に「こいつのここがいやなんだよな」と思わせている欠点があるはずだ。人間、お互いに、完璧でないのが当たり前だと認め合うのがいいのである。

さらに、「短所もあるが長所もある」という順序で相手をとらえるようにすれば、人間関係のイライラは解消しやすい。

「口うるさいところもあるけど、性格はやさしいよな」「時間にルーズだけど、こちらが遅刻しても怒らないから、いいか」といった具合である。

これが「長所もあるが短所もある」という順序だったらどうだろう。

「性格はやさしいかもしれないけど、口うるさいからいやだ!」「いくら人に寛容でも、時間にルーズなところは許せない!」となり、人間関係が壊れかねない。

考えてみれば、人に対する評価は限りなく自己中心的なものである。

言葉一つで、あるいは逆に考えるだけで、見方がころっと変わることを知っておこう。

◎嘘にも効用がある

子供の頃、親からもっとも頻繁《ひんぱん》に言われた言葉は、「嘘をついてはいけない」かもしれない。

確かに「嘘は泥棒の始まり」だろうし、悪意のある嘘は相手を傷つける。

だが一方では、嘘の効用があることも否定できないのである。

米国の作家O・ヘンリーの作品に『最後の一葉』という、著名な短編がある。

病気でベッドに横たわる少女が、向かい壁に見えるツタの葉が毎日落ちていくのを眺めている。最後の一葉が落ちた時、自分の命も消えるのだ、そう少女は思う。ある嵐の夜、少女は死が訪れることを確信する。しかし、目覚めた少女は、嵐にもかかわらず一枚の葉が残っているのを見て、生きていく希望を抱く。最後の一枚の葉は、実は友人が描いたものだった……。

こんな嘘なら、真実よりも感動的でさえある。

ここまでではないにしても、日常、嘘に救われるケースは、ままある。ガンを告知せず最後まで生きる勇気を持たせ続けることもそうだろうし、時には恋人に本当の別れの理由を告げないことが正しい選択ということもある。

自分や周囲に、悪意のない嘘を言って気分を高揚させるのは、悪いことではないのである。

お酒の席を楽しく過ごすコツ

酒を飲まない人、飲めない人にとって、酒席はかなり居心地が悪い。ウーロン茶ではおなかがぽちゃぽちゃになるし、「まあ、一杯くらいいいじゃないか」などと強要されることもある。周囲のボルテージが少しずつ上がっていく中、一人しらふである。できれば酒席には参加したくないと思って当然なのだが、楽しみ方がないわけではない。

酒席で人間ウォッチングをしてしまうのだ。ふだんは無口でおとなしく、「何を考えているのだろう」というタイプが、お酒が入ると意外に饒舌《じょうぜつ》になったりする。会社では「横柄なヤツだなぁ」と感じていた人間が、酒席では気配り満点にお酌なんかする。いつも怒ってばかりで強気一辺倒の上司が、意外な弱音を吐いたりもする。「こんな一面があったのか」と相手を見直すきっかけになるし、嫌いな相手が「まあ、悪人ではなさそうだ」とでもなれば、得ではないか。飲めない場合は割り切って、腹の底を眺めて、いいコミュニケーションを築く場にしよう。まあ、腹の底がわかって、コミュニケーションが悪くなる場合もあるが……。

◎からまれたら「トイレ」に立つ

酔い方にもクセがある。泣き上戸。笑いが止まらなくなるタイプ。やたら饒舌になる人。おやじギャグを連発するヤツ……。まあ、人に不快な思いをさせなければ、どんなクセがあったっていいのだが、「何だ?」と嫌われるクセもないではない。クドクドねちねち自慢話や悪口を言う、などのクセがそうだ。

その日の酒を「いい酒」にするか「悪い酒」にするかは、そういうクセに、あなた自身がどう対処するかで決まる。「クドクドねちねち」にたてつくと、とんだしっぺ返しを喰らわないとも限らない。自慢話におだてを忘れ、悪口に同調すれば、翌日が怖い。

ここは、柳に風で行こう。「悪い酒」対策にはこれに限る。優柔不断に徹するのである。「煮え切らないヤツだな」と思われたっていいではないか。来るものは拒まず、話したいなら聞いてやる懐の広さを持とう。

「悪い酒」は懐にとどめておき、「ちょっと失礼」とトイレで流してしまえばいい。酒は楽しく飲む。それでこそ酒席が盛り上がり、明日のやる気につながるのだ。

ユーモアは人生の潤滑油

消費者金融のCFに、「相談できるの？」と聞かれ、「そうだんです」とダジャレを飛ばして「さぶ（寒い）」とやりこめられるものがあった。これは確かに寒いダジャレだが、レベルを問わず、ダジャレにはなかなかの効用がある、と私は思っている。

ダジャレ名人でならした紀伊国屋書店の創業者・田辺茂一さんは、つねにダジャレを飛ばす機会に虎視眈々《こしたんたん》の人であった。

ある日、銀座のバーで田辺さんが飲んでいると、落語家の立川談志師匠がやってきた。師匠が「先生の店で本を買ったよ」と言うと、間髪入れず田辺さんはこう切り返したという。「それぞ、男子（談志）の本懐（本買い）」。これは、寒いレベルをはるかに超えた逸品である。周囲は爆笑、その場が一気に盛り上がったのは想像に難くない。このように、田辺さんは場の雰囲気をリードし、人を楽しませる名人だった。

相手の言葉を瞬時にダジャレにするには、けっこう頭を使う。脳の刺激剤としても、気分転換のきっかけとしても、これほどお手軽なものはない。恥ずかしがることはない。どんどんダジャレでもおやじギャグでも、飛ばしたらいいではないか。

◎ギャグの使いどころを見極めよう

仕事の中でも、ユーモアを忘れない精神が大切だ。みんながしゃかりきになっているオフィスで、ふと誰かが口にしたユーモアが雰囲気をなごませ、疲れた頭と体にフレッシュな風を吹き込むことがあるものだ。

しかし、これも使いどころを誤ると、逆効果になる。とりわけ、特定の人物をネタにした場合など、皮肉に受け取られ、爆笑のはずが気まずいムード……ということになったりする。ユーモアが諸刃の剣といわれるゆえんである。

ポイントは、場の雰囲気を読む眼力とセンスなのだが、これがなかなか難しい。ユーモアのつもりの発言が顰蹙《ひんしゅく》を買い、退陣を余儀なくされた政治家が何人もいるではないか。この点では外国人に一日の長がある。だから、欧米の政治家や俳優、スポーツ選手などのスピーチを研究するのも手だ。

いずれにしても、ユーモアは人間関係のスパイスと言える。疲れる冗談を言わないためには、腕を磨く必要があるだろう。

恋愛は「素の自分」を出そう

恋は、何も手につかなくなるほど、激しい感情を生み出す。

寝てもさめても相手のことを想い、仕事も家族もひとまず脇に寄せて、その人とだけ一緒にいたいと思う。

もっと相手のことを知りたい、自分のことを全て知ってほしいと願う。

なんとも健気だ。

恋をすれば、仕事にも張りが出る。張りが出るから、ちょっとつらいことがあっても耐えていける。恋心の相乗効果は、かくも大きいのである。

問題は、その恋をどう始めるかである。

「なかなか出会いがなくて」

「出会っても発展しなくて」

これではいけない。積極的に行動範囲を広げることがまず第一歩。次に印象をよくすることも重要だ。

女優の吉行和子さんは「心をオープンにして素のままの自分でその場に臨むと、相手の心が溶けてきて中身が見えてくる」とおっしゃった。

なるほど、と思う。恋人候補には、素のままの自分で接すればいいのだ。

互いに、「よく見せよう鎧《よろい》」を脱ぐ手間が省けるから、親しくなれるまでにそう時間はかからない。

恋は心をオープンにして待て、である。

◎時には名優のようにしゃべる

出会った当初は新鮮だった人間関係も、時を経るごとにマンネリに陥る。

一緒にいるだけでときめいていた恋人同士だって、いつしか互いに空気のような存在になって、気配りや思いやりがないがしろにされ、感動も薄れていくものである。

だが、その先には別れが待っているかもしれない。時には原点への回帰が必要だ。

そんな時は照れずに、いつもとは違う芝居がかったせりふを口にしてみよう。

往年の名画『カサブランカ』に、ハンフリー・ボガードが彼に思いを寄せる女性と交わすこんな会話あった。

「夕べ、何をしていたの？」

「そんな昔のことは忘れた」

「今夜会える？」

「そんな先のことはわからない」

まぁ、現実にはこうはいかないだろうが、センスは学ぶところがある。

いつもは「私、髪を切ったの」「ふ〜ん」で終わっているところを、名優よろしく「長い髪で魅力を隠していたんだ」とか言ってみると、雰囲気はがぜんロマンチックになる。出会った頃のときめきが戻ってくるのである。

人間関係のマンネリ打破のカンフル剤にいかがだろうか。

◎自分の言葉に照れない

男というものはなぜか、女性と一度心が通じ合ったと思ったとたん、自信家に豹《ひょう》変《へん》する。

恋人未満の時はマメに愛を語っていたのに、恋人あるいは夫婦になると、急に愛のメッセージを送信しなくなるのだ。もっと時間が経てば「それもお互い様」ということになってしまうのだろうが、それでもかつての蜜月に憧れを残すのが女性の本能であろう。

その感情は、男性には欠落した感情かもしれない。女性が男性の浮気に見事な第六感を感じるのも、愛情に対して強い憧れがあるからなのかもしれない。

しかし、だ。

過去の文学史をひもといてみれば、めめしいのは男のほうである。

自信が崩れて自分を見失うのは、たいていが男。

だから、女性が愛情に敏感で、それを求めているうちに、男性は相手の気持ちに敏感にならなければ、別れを告げられるか、ポイと捨てられてしまうかになってしまう。のんきなのは亭主（男）ばかりなり、なのである。

愛情は照れずに言葉を表す。

それができなければ花を贈ってみる。

それもできなければ、時には肩を揉んであげてはいかがだろうか。

本当にわかり合える相手を見つけよう

もしかすると、異性同士の最高のくどき文句は「わかる」かもしれない。

落ち込んだり、むしゃくしゃした時、人は誰かに胸の内を聞いてもらいたいと思う。アドバイスがほしいとも考える。

しかし、おかしなもので、そういう気持ちは、口に出してしまえばスッキリし、なんだか取るに足らないことのように思えてくることもある。悩みを打ち明けていても、解決策は、すでに気持ちの中で、固まっていたりもするものだ。

胸の内を聞いてもらいたいと思うのは、吐き出した言葉を「わかるよ」のひと言で受けとめてほしいからである。

「そんなふうに考えるのはおかしい」

「もっと自分の意見を積極的に言わなければ損をするぞ」

こんなふうにたたみ込むように放たれる言葉は、かえって落ち込みに拍車をかける。批判されているようにも聞こえてくるではないか。

アドバイスとは、相手がどういった結論に達したいと願っているかを引き出してやることである。

ただのグチなら、ただ聞いてやればいい。そんな人が異性からも好かれ、信頼されるのだ。

◎「本当の好き」に出会うことが大切

最近の若い人たちは、よく群れるのだという。

独りでは寂しいいし、何をやっていいかわからないから、とりあえず集団に身を置いて「寂しい」「わからない」を埋めるということらしい。

それで幸せなのか？　と、ちょっと意地悪く尋ねてみたい気もする。

男女の仲でも、彼氏彼女がいないと格好つかないので、とりあえずステディな相手をキープする場合が結構あるという。

もちろん、みんながそうではないだろうが、私は、そんな男女関係を「それは寂しかろう」と思ってしまう。本当に好きな友だち、本当に好きな相手と親密なかかわりを持ってこその幸せである。

これは趣味にも同様のことが言える。本当に好きなことが見つけられないために、とりあえず何かをするというのでは、少し寂しい。

本心から打ち込めるものは「とりあえず」ではないだろう。義務感や惰性だと自分で感じるから、「とりあえず」と考えるのだ。

ニセの「好き」からは早く卒業してもらいたいと、老婆心ながら私は思う。そのほうが、本当の「好き」にめぐり会うのが早くなるのではないか。

第3章
仕事で元気が出るちょっとした発想法

自分を理想像にはめ込む必要はない

自然体で生きるのがいいと思っても、なかなかそうできないのが人間である。自己嫌悪に陥る最大の原因は、高く設定した自分に対する理想水準を下げられないことにある。

しかし、たとえば「課長になったんだから、部下にスキは見せられない。威厳を保たなければ」などと、あるがままの自分とはかけ離れた「理想像」に自身をはめ込もうとすることに、どれほどの意味があるのだろう。

つまらない威厳のために、せっかく持ち合わせている豊かな人間味を失うことになったら、もったいないではないか。

「数いる課長の中に、一人くらいはこんなドジ課長がいたっていいじゃないか」

「部下から『オレたちがいなきゃ、課長はどうにもならない』と思わせるほうが、課の結束も固くなる」

私などは、そんな「あるがまま課長」に魅力を感じる。

自分の不平不満をつのらせるのは、不幸だ。

自分を認め、自分を好きになろう。

そのいちばんの方法が、あるがままの自分を受け入れることである。

自分を好きになれない人生は悲しすぎるではないか。

◎ほどほどの環境、そこそこの自分

ビジネスマンには通勤はつきものだし、転職でみずから新天地を求める人も多くなっている。

そこで問われるのが、適応力である。

いくら仕事の能力が高くても、新しい環境にうまく適応できないと、それを発揮できないし、へたをすれば、環境への拒絶反応のため鬱《うつ》状態になることだってあるからだ。

適応するための心の技術は、二つあるような気がする。

一つは新環境に過度の期待をしないこと。もう一つは新天地における自分自身を過信しないことである。

新しい環境は未知であり、自分の期待通りであるという保証はどこもない。

期待が大きければ、ギャップがあった場合、失望感も大きくなる。失望感は適応の大敵である。

自分の能力を過度に評価し、「今度の会社なら、自分の能力を存分に活かせる」などと腕をならして乗り込んだ新天地に、自分よりははるかに優秀な人間がゴロゴロいたら、これも相当落ち込む。

高いと思っていた自分の能力を否定されるのは屈辱だからだ。

「ほどほどの新環境、そこそこの自分」という気持ちでいれば適応も早いだろう。

◎頑張らなくていい時もある

水は低きに流れ、時は未来に流れる。誰でも、そんなことは百も承知のはずだ。なのに人間は、しばしば時間の流れに逆らったり、何かを変えようと試みるものである。

たとえば、時代の流れに逆らう、会社の方針に抵抗する、老いに逆らう、といった具合にさまざまな抵抗がある。

そういう抵抗も、いいだろう。

あの不幸な戦争だって、抗する力がもっとあれば、どこかで方向転換ができたかもしれない。

しかし、自分の小さな意地や沽券《こけん》から、ちまちました抵抗をするのはどうだろう。

「あの上司とはどうもウマが合わない。もっと逆らってやる」

こんなのは、エネルギーの浪費と言えまいか。しかも、抵抗するには非常なエネルギーがいる。つまらぬ抵抗で消耗していたのでは、楽しさやおもしろさを享受するエネルギーが枯渇《こかつ》してしまわないか。

時には抵抗したり頑張ったりするのをやめ、時間の流れのままにゆったりとかまえるのもいいのではないか。

下流には、未知の楽しみや幸福が待っているかもしれない。

頑張ったところで押しとどめようもないものに対しては、頑張らなくてよいのだ。

嫉妬心はやる気のもと

自分は自分、人は人である。だから、いたずらに人をねたんだり、うらやんだりするのはよくないこととされる。嫉妬深い性格は悪だとされるゆえんだ。

世の中、仕事の能力も金銭的な豊かさも、容貌や性格、肉体的能力、時には運も、上には上がいる。ねたみのタネはどこにだってあるわけだから、それをいちいち気にしていたのでは際限がないし、自分もどんどん卑屈になっていく。よって「ねたむべからず」は、間違ってはいない。

しかし、である。相当な精神修養を積んでいるならいざ知らず、われわれ凡人が、嫉妬といっさい関わりなく人生を送ることができるだろうか。

それは至難の業《わざ》に思える。「あいつ、あんなにきれいな恋人がいていいなぁ」「ちぇっ、社長の息子だからって三十代で専務かよ」「同じ歳なのにベンツなんか乗り回しやがって」……。そんな思いを抱くのは避けられない性《さが》なのだ。

だったら、時には思い切りねたんでみるのも悪くはない。

もちろん、ルールはある。ねたむ対象に、現実的な意趣返しをしないというのがそれだ。嫉妬はあくまで心の中でとどめよう。それなら実害はないし、「バカ野郎！」と胸の内を吐き出すことはカタルシスにもなる。

いつもいつもでは困るが、たまの気晴らし法としてなら採用してかまわない。

いずれにしても、「悪い」とされる性格が、見方、考え方によっては大変な長所となることがおわかりいただけたと思う。

要は、自分の理想像、昔からの思い込み、世間の基準、他人の評価などにとらわれるな、ということなのだ。

◎ライバル意識は適度に

「こいつだけには負けたくない！」という相手は、誰にでもいるものだ。営業成績を張り合う同期入社のライバル、テニスの腕前ではオレが上だと胸を張る友人……。

私は超がつく飛行機マニアであるが、共通の趣味を持つ漫画家の故・おおば比呂司氏とは、よきライバルであった。

「これが手に入った」と言っては電話をし、「こんな記録を達成した」と言っては氏からの連絡を悔しい思いで聞いたものである。私たちの間には、よきライバル意識があった。相手を認め、その上でさらなる向上心をかき立てられる刺激があったのだ。ライバルとは元来そうしたものである。生きる意味を探す手段となるものだ。

しかし、ライバル意識は、根にあるのが嫉妬心だから、厄介な姿に豹変することがある。劣等感のコンプレックスという意識がそれだ。

劣等感はプラスに転化できる範疇《はんちゅう》にあるが、コンプレックスがつくと、そうはいかない。「自分が劣っている」という現実が自虐的な方向へと向かい、果ては相手への憎悪に発展してしまうからだ。

ライバル意識は適度に持つのがよい。みずからを叱咤激励する範囲が、そのデッドラインである。

◎劣等感はバネにせよ

劣等感のない人間はいない。同期入社のライバルが出世した、ゴルフ仲間が腕を上げた、友人が若く美しい女に愛された……。

人生には「ああ、それに比べて自分は？」と、ため息をつきたくなる状況が、いたるところにばらまかれている。この劣等感にとりつかれ、相手の優越を意識すればするほど、ねたみや焦《あせ》りがわいてきて、ひどく打ちのめされてしまう。

だが、劣等感はプラスにも転化できるのである。ライバルの仕事ぶりに対する焦りは「何くそ」という向上心を喚起する。愛人をこしらえた友人への嫉妬が「自分はもっといい女を！」という努力につながる。

そう、劣等感は使い方によって、自分をレベルアップさせるきっかけにも、エネルギーにもなるのである。

マイナスにするかプラスに転化するか、両者を分けるカギは「劣っているように見える自分が、実は向上する可能性を秘めている人間だ」と知るところにある。

あまたの芸術家たちのすぐれた仕事は、劣等感を源としているフシが大いにある。

劣等感は弱みではなく、実は強みなのだ。

人の評価に耳を傾ける

自己評価は、たいていが甘い。

自信も過剰気味になりやすい。

心の一方で「自分は優柔不断だなあ」と批評していても、他方で「要するにいやと言えない、いいヤツじゃないか」と考え、「打たれ強くてへこたれない長所もある」と続く。

だが、傍目には、たんにヘラヘラして煮えきらない人間だ、と映っているかもしれない。

自己評価と他人が自分に下す評価は、たいていの場合少しズレているのだ。

実はこのズレが、悩みやストレスを生むのである。

ズレが大きいほど「どうして自分のことをわかってくれないんだ?」という気持ちがつのり、孤独感にさいなまれるからだ。

しかも、一度貼られたレッテルはなかなか払拭《ふっしょく》できないから、自己評価と他人の評価は、いつまでたっても平行線をたどりがちだ。

一度ズバリ、他人から自分はどう見られているのか、聞いてみるといい。ショックを感じるかもしれないし、逆に「そんなふうに評価してくれていたのか」と自信がわくこともありうる。

「わかってくれない」とグズグズ考えるより、他人の鏡に自分を映してみよう。

◎自己評価は高くしすぎない

自分をもっとも高く評価してくれるのは誰だろう。

妻や恋人、家族、友人、会社の上司などを思い浮かべる人がいるかもしれないが、答えは、ほかならぬ自分自身である。

前述のように、自分で「オレはこのレベルだ」と思うほど、人は評価してくれないということだ。

だから、自分と同じような評価を人に求めるのは、あきらかに期待過剰である。

「オレの誠意がわからないのか」

「こんなに努力したのに、あいつはわかっちゃいない」

などと、相手の鈍さ、無能、見る目のなさを憎むのは誤りだ。

不満の根は、相手にあるのではなく、自分自身の過剰な期待にあることを知ったほうがいい。

自分の評価を人に押しつけ、それが得られなければ不平不満を抱いたり敵意を持ったりする人間ほど、鼻持ちならない存在はない。

「何様だと思っているんだ」に評価が下がり、鼻つまみ者になるのは間違いのないところである。

二〇パーセント、いや三〇パーセントは割り引いて、自分を考えるのが正当な自己評価というものだろう。

また、そういうふうに自分をとらえたほうが、過剰期待の縛りから心をラクにできるのである。

◎耳の痛い言葉にこそ耳を貸す

企業倒産が相ついでいる。

その背景にあるのはトップの独善、もっと言うなら暴走であることが多い。

原因は明らかだ。

ワンマン経営者がまわりにイエスマンばかり集め、批判や指摘に耳を貸さなかったからである。

豊臣秀吉はこんな言葉で独善を戒《いまし》めている。

「自分と同じような近臣を選び、ひそかに自分の目付けとして頼んでおき、時々意見をしてもらい、自分の行いの善し悪しを聞いて、万事に気をつけることが将たる者の第一の要務である」

痛いところをつく相手は、正直なところ目ざわりだし、自負を傷つけられもする。イエスマンに囲まれているほうが、居心地ははるかにいい。

しかし、暴走にブレーキかけてくれるのは、イエスマンではないのである。

批判や指摘は、自分の行ないの善し悪しを判断する材料だ。痛いものほど的を射ているということもある。

聞く耳を持つ姿勢は、人間に必須の資質だといってもいい。

裸の王様のカラ元気に陥ってはならないのである。

「自分」を出すとき、出さないとき

まじめさ、誠実さが美徳であることに、異を唱えるつもりはない。

だが、さまざまな矛盾が錯綜《さくそう》している現実の中では、それだけを押し通すと、生きるのが苦しくなる。

たとえば、営業マンは自社製品を売るのが使命だが、製品がすべて自分のメガネにかなうとは限らない。「これを積極的に販売するのは、消費者の利益と矛盾するのではないか」といった製品もあって不思議はない。

さる営業マンの話だが、社の方針で販売促進が決まった製品に、その種の矛盾を感じた。生来のまじめさゆえに悩んだ彼は、結局、社の方針を無視し、顧客にその製品を売ることをしなかった。

いっこうに成績が上がらないことを上司に指摘された彼は、思いのたけをそのまま上司に伝えた。結果は想像通り。社内で総スカン状態となった彼は、退社に追い込まれたのである。

むろん正論は彼の側にある。

が、時にはそれを殺すのも処世なのだ。

かたくなに正論にこだわるまじめさだけでは生き抜けない現実は知っておく必要がありそうだ。

◎自分にやれる範囲のことをしよう

仕事でも人間関係でも、現状に不満を感じている人は多い。

理由は単純明快。「もっと仕事ができる自分」「人脈に恵まれている自分」を想定しているからである。

しかし、自分の仕事の力量や、人心掌握の器量をちょっと考えてみるといい。

人間、たいがいは力量や器量に見合った現状に置かれるのが相場である。満足できないという思いは、ないものねだりのことが多い。

中国の思想家老子の言に「自ら勝つものは強し。足を知るものは富む」というものがある。自分に打ち勝ってこそ真の強者であり、満足ということを知るから豊かになる、という意味だが、さすがの含蓄である。とりわけ後段は、満足できない今を嘆く人に、みごとな示唆《しさ》を与えているのではないか。

「自分の力量や器量はこんなものだ。その中でやれることを精一杯やろう」

これが足るを知るということである。

この境地でことに当たれば満足でき、そこから自信も生まれ、力量も器量も磨かれていく。

ないものねだりの不満居士という縛りからも、解き放たれるのである。

出世鬱を乗り切ろう

現代は競争社会である。

だから、ビジネスマンであれば、昇進や出世を願うのはきわめて当然のことだ。より上のポストにつくことは、競争の勝利者になることでもあろう。

だが、現代では勝利者といえども、美酒に酔ってばかりいるわけにはいかない。昇進すれば、それまでにはなかったさまざまなプレッシャーを背負うことになるからだ。

権限が大きくなるとともに、責任も重くなる。周囲の批判眼も厳しくなるだろうし、周期から一歩抜きん出たのならやっかみもあろう。何かにつけて指弾の標的にされることだって珍しいことではない。

そこで、出世鬱という状態が起こる。

現実には出世という好ましい環境の変化を迎えながら、心は逆に悪しき負担を抱え込む状態だ。しゃにむに昇進だけを目標にすえてきた場合には、症状も重いものになる。

昇進意欲や出世願望が悪いとは言わない。ただ、それにともなう精神的負担の増大も知っておく必要がある。

その負担を引き受ける人間的成長にも、心を砕くべきであろう。

◎左遷に打ち勝つ考え方

不況と企業の構造変化が進む現在、左遷や出向は、明日は我が身のことと言ってい い。

現実に左遷で地方に飛ばされたら、二重苦にさらされる。

降格人事だけでも相当ダメージだし、まったく見知らぬ土地で生活を始めるのも、また不安材料である。子どもがいれば学校の問題もあるし、家族がその地方になじめるかということも頭をよぎるはずだ。

それまでの生活、環境がまったく変わってしまうことは、強いストレスをもたらすものである。

私も戦後、住み慣れた新宿大京町から現在の府中に引っ越す際に、鬱状態となった。愛着のある品々の処分や土地への思いが、胸にわだかまってしかたがなかったのだ。

だが、家を取り壊す段になって、なんとかそれも吹っ切れた。海外での仕事があり、引越しという現実から逃避したのもよかった。

受け入れざるを得ない以上、ジタバタしてもしかたがないものなのである。

それまでの地位や生活への思いはあるだろうが、ここは腹をくくって新生活に期待や好奇心を持つのがいちばんだ。

住めば都で、どこにでも楽しみや喜びがあると考えよう。

頑張り時を見失うなかれ

どんな人でも、自分の思い通りの仕事につけるとは限らない。営業を望んだのに総務に配属されたり、広告宣伝の希望者が経理マンにさせられたり、いろいろな思惑はずれがあるに違いない。

では、意に添わない仕事を与えられたら、どうすればいいものか。

「ちぇ、こんな仕事、やる気しないなぁ。好きな仕事につけるまで、適当に手抜きでいくか」

これも一つの選択ではある。

しかし、不幸を嘆き、本望の時が訪れるまでボチボチいくという選択では、望む仕事につけるチャンスは、まずやってこないだろう。

会社は「あいつ、気に入らない仕事だから手を抜いているんだな。好きな仕事だったらきっと水を得た魚のごとく、バリバリやるに違いない」などとは絶対に考えてくれないからだ。

確実に「ボチボチしか仕事をしないヤツ」というレッテルを貼られるだろう。

本望を遂げるには、いやな仕事であれ全力投球するしかないのだ。

企業のトップにも不遇時代はあったはずだが、そこで腐らず、ベストを尽くしたからこそ、現在があるのだ。

将来の試金石はつねに今。

頑張り時を見失うと人生すべてがボチボチになってしまうと肝に銘じよう。

◎上司の評価にかかわらず誠実に働こう

競争社会にはいつも評価がともなう。

ビジネスの世界でも、評価によって昇進や降格といった人事が発動される。となれば、評価が得られないのはつらい状況である。

実際、上司に不信感を抱く原因として、いちばんにあげられるのが「どんなに仕事をしても評価してくれない」というものだ。

確かに、はっきりと成果をあげた仕事に「よくやった」「頑張ったな」のひと言もなければ、その上司への信頼感は薄らぐ。そんなことが重なれば「こいつの下ではやってられない」という気持ちにもなろう。

しかし、腐ってはいけない。

考えてみれば、年齢も、育った環境も価値観も異なる上司が、こちらの思いを確実にくみ取って、的確な評価をしてくれることのほうがレアケースなのである。

たとえば、滅私奉公が当然と考えている上司には、報告書を仕上げるための徹夜など当たり前であり、「ご苦労さん」のねぎらいにも値しないということだってあり得るのだ。

そうしたギャップをわかってしまえば、評価に一喜一憂しなくてすむだろう。

◎評価は自分を高める手段に

自己評価は、実は他人の評価に非常に左右されやすい。

しかし、他人の評価に左右されすぎると、自分を見失う。自分はあくまで自分でありたい。

たとえば「人の面倒見はいいほう」という自己評価が、Aさんには「おせっかい」というマイナス評価になり、Bさんには「頼りになる人」というプラス評価になったりすることがよくある。

自己評価にはプラス評価を採用したい。

「もっと頼りになる人になろう」と自分を高める努力につながるからだ。

反対に、マイナス評価を採用すれば、「おせっかいなんて思われたらたまらない」と萎縮《いしゅく》してしまうことにもなる。

評価は、どちらに転んでも平均値は望めないものだ。

だから「そう人の評価に合わせて、自分をコントロールできないもんだ」と思うことだ。

その上で、ちょっとずつ「いいとこ取り」をすればいい。

「おせっかい」と「頼りになる人」のいいところを少しずついただいて「いざとなったらトコトン面倒を見る人」になる。

他人からの評価は、こんなふうに活用して自分をより高める手段にしてしまおうではないか。

上司からの叱責は期待の表れ

昨今の若者は、ちょっとした小言でも浴びせようものなら「じゃあ、辞めます」と言うことが珍しくないそうだ。だからか、上司も喉元まで出かかった言葉を飲み込み、叱ることが少なくなったという。そんな時代に、上司によく叱られるのは、みずからの可能性を喜んだほうがいい。「叱られ上手が出世する」という言葉があるが、叱られるのは、上司が見込みがあると踏んでいる証拠なのだ。

ミスタープロ野球といわれる長嶋茂雄氏が選手時代、時の川上哲治監督からもっともどやされたという話は有名だ。長嶋氏の天性の明るさ、気分転換の早さを見越してということと以上に、野球選手としての可能性を伸ばすための叱責だったと思う。

感情的に怒りをぶつけられるのは迷惑至極だが、理があって叱られたのなら「おっ、自分には見込みがあるってことか」くらいにうぬぼれておこう。

上司の目には少なくとも「この程度では音をあげないタフなヤツ。その点はみどころがある」と映っているはずだ。

◎いいわけをせず前進しよう

弘法も筆を誤ることがあるくらいだから、ミスをしない人間はいない。どんなに用意周到に仕事を進めていても、突発的な事態が起きて失敗に終わることもあるのだ。

しかし、結果は同じでも、そこに至るまでに、どうその仕事に関わってきたかによって、「その後」が違ってくる。

やれるべきことはすべてやったのであれば、失敗にも満足感が残るが、何の努力もしなかったための失敗では、「あれをやっておけば……」「これをクリアしていればおそらく……」という悔いに振り回される。前者はミスに学び、後者はミスに打ちのめされる図式である。この差は大きい。もちろん、同じミスを二度、三度と繰り返す危険性が高いのは後者だ。

ミスをしでかした時の具体的な対応で、もっともいけないのは、責任をほかに転化することである。「彼が作った資材が不十分だったので」「彼女が情報を正確に伝えてくれなかったから」といった類のいいわけは見苦しい。この手合いは、ビジネスマンとしても二流だが、人間としては三流以下。即刻、改めたほうがいいだろう。

◎辞める前にやり方を考えよう

仕事で思うように成績が上がらない時、ふとこんなことを考える。

「この仕事は自分に向いていないのではないか。他の仕事に変えたほうが……」

もちろん、向き不向きはある。人づき合いが苦手な人が、大勢の人と接するサービス業につけば、フラストレーションばかりがたまるかもしれない。しかし、そんな極端なケースはそうはないはずだ。また、誰もが天職についているわけでもない。

だから、仕事を変えようと考える前に、まず仕事のやり方を変えることを考えたらどうだろう。ミスの連続や成績の低迷は、それまでのやり方に問題があることが少なくない。

以前、横浜ベイスターズは、権藤監督のもと、どの球団でも行なっているミーティングを廃し、選手の自主性を尊重する「のびのび野球」で日本一の栄冠を得た。これなどやり方を根本から変えて成功した好例だろう。

定着している慣習や方法論を捨ててしまうのは勇気がいることだが、新しい可能性を拓くためには、時にその勇気を奮うことが必要だ。

できないことは素直に「NO」

日本人は「ノー」の言い方が下手だといわれる。

「あ、いやちょっと……そのぉ、ムニャムニャ」で、結局断れなかったりする。しかし、これも文化であるから、欧米ふうに身も蓋もないノーを言えば、人間関係に溝ができたりするから厄介だ。

最近では、かなり露骨にノーを言う人が増えてきた。

それも、ややもすると自己中心的な拒否である。相手の気持ちや好意などを思いやった形跡のない断りであり、たんに「私がそれをしたくないんだから、ノーなんです」というものだ。

これでは文化うんぬん以前に、人間としてのものの言い方を疑われてしまうだろう。「ありがとう。でも……」「ごめんなさい。本当は……」「お気づかいはありがたいのですが……」などと、好意だけはきちんと受け取る姿勢を見せることが必要だ。その上で、明快なノーを言う。「実は……」と断りのために小さな嘘をついても、それが相手を不快にさせないものなら、大いに結構である。

私の知人は、超多忙で原稿の執筆依頼を断らなければならない時、「ドリーちゃんをつくればできるんだがね」と言った由。ドリーとはクローン羊のことであった。

◎「ノー」を「考えてみる」と言い換える

会社で何らかの役職につけば、部下から相談を受ける機会も増える。恋人ができれば、やはりアドバイスを求められる。友人、後輩が多いと……というわけで、人間、年をとるとともに、相談を受ける機会が多くなるものだ。中には、ちょっと答えに窮してしまうこともある。

さて、そんな時、どう対応したらいいものだろう。

「ボクはそういう問題には関わりたくないので、悪しからず」というのではいかにも冷たい。

やはり、一応は話を聞き、できる相談には乗る。それが人間の器量というものだ。もっとも、中にはとても自分の手には負えない相談もないとは限らない。ここが思案のしどころとなる。

「それは私には無理だ」と率直に答えるのがいらぬ期待を抱かせないためにはいいよ

うだが、それは違う。

相談を持ちかけた部下の顔を立てる意味でも「ちょっと考えてみよう」と含みを持たせるのがいい。

同じ「却下」でも、言下のそれと、考えた末のそれでは格段の差がある。この差は信頼関係に反映するのである。

◎自己都合でも「あなたのことを考えて」でいこう

仕事では、すぐには承諾しかねる要求や依頼にぶつかることがよくある。

「来週、地方に営業に行くのだが、できればメーカー側の人間としてキミにも同行してほしい。急な話で悪いが……」

取引先の部長から突然、そんな依頼を受けた。その時期は社内の仕事が山積していて、できれば同行は遠慮したい。しかし、むげに断ったのでは、今後の取引に支障をきたすことになりかねない。

これはピンチである。

こんな時は、イエス・ノーの二者択一ではなく、代案に活路を見出すのも一法だ。

たとえば、直接の担当者ではないが、自分に代わって説明ができる部下を同行させせてほしいという旨の提案をしてみる。

「彼は開発に関わっていますので、補佐役としては私よりうってつけだと思われます」

などと言えばよい。

「自分の都合がつかない」というのではなく、「あなたのために、より適任な者を推薦したい」というわけだ。

ここに代案の出し方のヒントがある。

相手にとってのメリットが代案のほうにあるというニュアンスを打ち出すというのがそれだ。

かくて代案は妙案となる。

意見の違いはあなたのためになる

子どもはよくこんな喧嘩をする。

「翔太くんがおやつをとったよう」

「理恵ちゃんがおもちゃを貸してくれないよう」

どちらにも言い分はありそうだ。

こんな時、仲裁に入る保育のプロは、絶対「裁判官」にはならないそうである。どちらの言い分も平等に聞いてやる。ただ、それだけで子どもは満足し、どちらからともなく和解するのだそうだ。

子どものけんかを引き合いに出して恐縮だが、これは真理と言えよう。

人間にはプライドがあり、認められたい欲求がある。

認められてこそ相手への思いやりが芽生えてくるし、自信もわいてくる。

子どもも大人も、この心理的な真理は変わらない。

相手の言い分を聞けば、こちらの言い分にも耳を貸してもらえるのである。

だから、人の意見を論破することに至上の喜びを感じている人は、少々軌道修正が必要である。

自己主張は大いに結構だが、人の話に耳を傾ければもっと簡単に人の力を借りることができる。

自分の意見や感情も、独りよがりの自己主張ではない正当なものとして受け止められるようになるのではないだろうか。

◎「ものは言いよう」と心がける

会議とは本来、出席者が忌憚《きたん》のない意見を戦わせる場だが、上司がとうとうと述べ立てた意見に異論、反論を差し挟むのはかなり気おくれする。

結局、その場では何も言わず、同僚と酒席でグチを言うことが多いのだが、これでは心に元気はみなぎらない。

異論、反論があれば堂々と会議中に言うのが道理だし、そうしてこそ、やる気もわいてくるのだ。

ただし、

「部長のお考えはもう通用しないのではないでしょうか。今の時代は……」

などと、真っ向から「あんたはだめ」とやったのでは、あとが面倒になる。

プライドが傷つけられた相手は感情的になり、口には出さずとも心中「生意気な！」と怒り、何らかの機会に復讐されるだろう。

ここはテクニックを使うのが得策である。

ポイントはまず相手を認め、その後、反対意見を切り出すことだ。

「おっしゃることはもっともです。ただ、今の時代を考えますと、こういうこともあるのではないでしょうか」

これなら相手のメンツも立ち、反対意見を聞こうという心の余裕も生まれる。

反論にこそ、「ものは言いよう」が重要なのだ。

人を育てるにはコツがある

人を育てるには、ほめることだといわれる。

しかし一方、叱ることも時に応じて必要だ。

たとえば部下が何度も同じようなミスを繰り返した、指示に従わない、などといった時は、バシッとした叱責のひと言がなければならない。

だが、侮辱の言葉は絶対に控えよう。「お前はほんとにドジだな。何度も同じミスするなんて、マヌケとしかいいようがない」では、叱られたほうは反省のしようもない。ただただ、「あの課長のバカ野郎!」と思うだけだ。

相手の人間性を否定するような怒りをぶつければ、必ず遺恨が残るのである。

能力をあげつらうのも問題である。

「新入社員だってこんなミスはしないぞ」

「お前にいくら給料を払っていると思うんだ」

この類はいたく相手を傷つける。ミスをしたくてする人間はいない。そこを「能なし」と怒られたのでは立つ瀬がない。

「あ〜あ、まったくいい部下を持ったもんだよ」など皮肉っぽい言い方もタブーだ。

怒りは抑え、端的にさとす姿勢を見せれば、お互い疲れないのである。

◎叱りのテクニック

叱り叱られる関係は、一般社会ではそうはない。親子関係、そして会社の上司と部下の関係がほとんどだ。

だが、この両者においても、最近では、話のわかる親や上司だと思われたいために、叱ることを放棄する傾向が強まりつつあるようだ。

前述したように、叱り方は難しい。無防備なひと言が、それまでの信頼関係を一瞬にして壊してしまうこともあるからだ。そこでテクニックを伝授しよう。

①プライドを傷つけない。
②ネチネチ引きずらない。
③感情的にならない。

これが叱り方の三原則である。

人前で叱り飛ばせばプライドが傷つく。ネチネチ叱れば、ただうんざりするだけだ。

理由のわからない感情的な怒りは、反感を招く。だから、すべてこの反対を、叱り方の基本とすればいいのである。

中でも、もっとも大切なのが相手の立つ瀬を確保しておくことだ。「君らしくもない」と、信頼のニュアンスをプラスしよう。

そして自分を叱る時にも「私らしくなかった」。これが成長によく効くのだ。

◎ほめ言葉を絶対ケチらない

ほめられてうれしいと思わない人はない。

誰にも、自分の価値を認めてもらいたい欲求がある。ほめられることは、すなわち自分が他者に認められた証なのだ。

認められれば、やる気もみなぎってくる。「いい企画じゃないか」とほめられれば、仕事に取り組む姿勢も変わってこよう。「きれいになったね」と言われ続けてこそ、本当に魅力的になっていくというものだ。

ほめることの効用は相手をいい気分にさせ、意欲を奮い立たせて、力を引き出すことにある。

シドニーオリンピックの女子マラソン金メダリストの高橋尚子選手は、小出義雄監督から、それこそシャワーのごとく「いいねぇ、Qちゃん」の言葉を浴びせられたという。もちろん高橋選手の資質あってこそではあるが、「監督にほめられてここまでやってこれた」と彼女は語っている。

ほめられるという行為は、相手に伸びる力を与えるのだ。

つきっきりで相手に精力を注ぐ人、ほめて相手の力を引き出す人。どちらがラクかは言うまでもない。

◎おせじはさじ加減を見極めて

ほめ言葉は信頼関係をつくるが、これが、おせじ、おべっかになると、あまり好意を持って受け取られない。

背後に「気に入られたい」など、何らかの作為を感じさせるからだ。では、「ほめる」と「へつらう」はどう違うのだろうか。

最大の違いは、何を賛美するかだ。

個人的な部分についての賛辞は、ふつうはほめ言葉と受け取られるが、肩書きや社会的なステイタスをほめちぎるのはおせじである。「○社の部長と言えば、もう業界の名士でいらっしゃる」などと言うのは、見え透いているではないか。下手なおべっかの典型である。

人を動かそうと思うなら、ファッションや趣味、家族のことなどを標的にすべきだ。「部長のアイアンはプロ並みですね」。ゴルフが趣味の人なら、こんな言葉は大歓迎のはずだ。

ただし、さじかげんは厳守しよう。相手が気をよくしたからといって、調子に乗ってはいけない。「ドライバーの距離もプロ顔負け、パッティングラインの読みはタイガー・ウッズ！」。これでは興ざめである。

おせじは一点に集中してこそ光るのだ。

「まかせる」というゆとりが大切

いかに能力があると自負する人でも、一人でできる仕事には限界がある。まして、ふつうの人は、他人に仕事の一部をまかせなければ仕事が進まない。では、たとえば部下に仕事をまかせる場合、ポイントはどこにあるのだろうか。

一つは「まかせきる」ことである。たとえ仕事ぶりに不足があっても、まかせた以上は途中で口をはさまないようにしよう。「まだそんなことやっているのか。オレがやったほうが……」というセリフは口が裂けても吐かないこと。とにかく見守る姿勢を崩さないことだ。アドバイスが必要な場合は、部下が仕事を一段落させるのを待つ。

もう一つは、仕事が完了したら、ほめることである。思うような成果があがらなかったとしても、「ここはよくできてるじゃないか。ただ、この部分はもう少し別の方向から検討してみたらどうだ?」という具合に、「ほめ」とアドバイス（指示）をミックスさせるのがいい。それでこそ部下も伸びるというものだ。

人にまかせるのは、自分も相手も元気になるため。爽快なまかせ方を工夫しよう。

◎期待はずれを見越して頼むこと

まかせる、まかせられるという人間関係の基本は、互いの信頼だろう。「全幅の信頼においている」といった言い方は、相手に対する最高の賛辞である。しかし、現実には人を一〇〇パーセント信頼することは難しいし、人からの信頼に完璧に応えるのも無理だ。仕事のために友情を少し犠牲にすることもあるだろうし、信頼していた相手が自己保身のために、あなたを裏切ることもないとはいえない。

相手を一〇〇パーセント信頼して期待していた場合、そんな時に感じるのは「喪失」だ。この喪失感は、鬱の引き金になる。「信じていた自分がばかだった」という気分から、無力感に襲われるのである。だから、信頼関係でも八〇パーセント主義がいい。

「裏切られたり失望させられることもたまにはあるさ」と折り込みずみなら、喪失感もやわらぐというものだ。期待はずれともうまく折り合っていけるのである。

だいたい、「一〇〇パーセントの信頼」と言うと聞こえはいいが、実のところ、互いに手かせ足かせをはめ合っているようなもの。息苦しいこと、この上ないのである。

ヒントの見つけ方

仕事には、だいたい結果が予測されるものと、結果が読めないものがある。それまでの仕事の延長線上にあるのが前者、まったく新たなプロジェクトなどが後者だ。

後者への挑戦には、リスクがついてまわる。

ビジネスではリスク回避は重要なテーマだから、それを回避することはできない。だが、リスクを恐れるあまり積極性を失うのはどうだろう。たとえ失敗に終わっても、積極的に攻めることの中に、次の成功のヒントが隠されていることは少なくないのである。

「失敗は成功の母」という言葉は言い古された感じがするが、その真理は変わらないのだ。失敗は、どこが間違いだったたか、何が足りなかったかなどを、実感として教えてくれる。この教訓が、貴重なデータとなるのだ。

「製品に問題はなかったが、マーケティングが十分ではなかった。よし、マーケティングを徹底的にやって再挑戦だ」。こうした具体的な戦略・戦術は、積極的な失敗なしには生まれない。「これで間違いなく成功するのだろうか」などと結果ばかり考えてていては、かえって必敗となる確率が高まるのである。

◎人に力を借りる前に行動する

行き詰まった時に、力を貸してくれる人がいるのは心強い限りだ。自分の力だけでは手にあまることでも、周囲の力添えを得れば、実現にこぎつけることができる。

しかし、「ああ、困った困った」と手詰まり状況をアピールするだけでは、人はなかなか力を貸してはくれない。相手の力を引き出す努力が必要である。

「明日までに企画書を仕上げなければいけないんだけど、何か、いいアイデアない？」。こんなことを言う人間に、手を貸す気になるだろうか。否である。自分では何の努力もせずに、ハナから人の力をあてにしているような態度を見せられたら、誰だって「助っ人なんか願いさげ」という気分になる。

一方「企画書をここまでまとめたのだけれど、最後のツメがどうもうまくいかないんだ。もう一歩なんだけどなぁ」ということであれば「どれどれ、一緒に考えてみるか」となるはずである。できることはやってみた結果、どうしても足りない部分があるということを相手に示しているか、反省してみてほしい。

◎どんな助言にも「ありがとう」を言おう

人からのアドバイスは、停滞していた状況を変えるヒントになることがある。彼のひと言が仕事のスランプを脱するきっかけになったり、彼女の助言でわだかまっていた気持ちが吹っ切れた、といった経験は誰にでもあるだろう。

ただし、人の意見に耳を傾けることは大事だが、期待を抱きすぎると関係をダメにしてしまうことがあるので、注意したい。人間は勝手なもので、相手から思っていたような言葉がもたらされないと、「必ずいい答えを出してくれると思っていたのに、案外頼りにならないんだなあ」などと、相手を責める気持ちになったりする。相手はいい迷惑である。

人からのアドバイスや助言こそ、相手まかせ、場合まかせにしたい。「役に立たなくてかまわない、自分のために時間を使ってくれたことに感謝しよう」というくらいに考えておくのが正解だ。ヒントは重要だが、気分や状況は結局のところ、自分で考え、解決していくもの。人にそこまで求めるのは見苦しいし、情けないというものだ。

説得のタイミングをつかもう

気分と食事について、心理学者の多湖輝氏がこんなことを書いている。

「江戸時代、さる藩の農民が飢饉に耐えかねて藩政改革を訴え出た。その対応にあたった役人は、談判の前に農民に腹いっぱい飯を食わせた。しかるのちに藩の窮状を説明すると、農民もそれをよく理解し、納得して帰ったという」

やる気は体から引出せるわけだが、その体を元気にするのは、いうまでもなく「食」である。空腹だと「戦《いくさ》はできぬ」し、怒りっぽくなってしまう。これは自分だけではなく、相手も同じである。ビジネスでは、上司や部下、取引相手を説得しなければならない状況が頻繁《ひんぱん》にある。説得には段取りも必要だが、最終的には人間力が勝負となる。相手に信頼されなければ説得は成功しない。腹が減った人間は説得しにくいものだ。まずは腹を満たさせるのが、説得を有効に運ぶ機転である。

午前中のミーティングが長引き、結論が出そうにないといった時には「食事をしてからにしませんか？」と一呼吸おけば、食後の話し合いがうまくいくことになる。

◎自信を引き出すための服を用意する

私はファッションにはかなり気をつかっているほうだと思う。外出予定日の前日夜には、着ていくスーツ、ネクタイ、ワイシャツ、靴下、靴などをトータルコーディネイトを考えて決め、準備しておく。とはいえ、おしゃれに格段の興味があるというわけでもない。気持ちを若く保つために、なかば意識的にやっているのである。

ファッションはその日の気分を大きく左右する。ネクタイをはずし、ポロシャツにチノパンといった装いをすれば、気分は自然にくつろぐ。ダークスーツに落ち着いたガラのネクタイでも結べば、気分が引き締まる。タキシードに袖を通せば……といった具合。

体が心に影響するように、ファッションといった「外見」も、心という「中身」を変える効果があるわけだ。これはビジネスでも利用できる。

たとえば、説得の場におもむく時は、スーツもネクタイもいちばん自慢のもので決めて自信をみなぎらせる、場の雰囲気を和らげたい時は、淡い色の服で開放的な気分を高める、といった具合だ。たかがファッション、ではないのである。

情報は半分だけ信じる

いい情報ほど、メディアを通じてではなく、人を介して伝わってくるものだ。「実はA社の経営危機は深刻な状態らしい」。そんな情報は新聞やテレビが報道する前に、どこからか流れてくるものである。この手の情報は、ソースが確かな筋であり、直接聞いたということなら、かなり信頼できる。だが、何人もの人間の口を経て届いた情報は鵜呑《うの》みにせず、疑ってかかったほうがいい。

伝言ゲームというのをご存知だろう。ある言葉やフレーズを口伝えで次から次に送っていくゲームだが、伝える人数が十人にもなると、まず、最初の言葉やフレーズは正確には伝わらない。「赤ちゃん」が「赤いちゃんちゃんこ」になったりする。情報もこれと同じだ。しかも、情報は受け取る側の先入観や期待感、思い入れや思い込みによって左右される。「こうであるはずだ」「こうなってほしい」といった気持ちが、元データを書き換えてしまいかねないのだ。情報は意図的ではなくても操作されることがある。

「半分信じておこう」。こう考えておけば、気分はいつも平静でいられるだろう。

◎ものごとの価値は自分で決める

インターネットの急速な普及で、情報化時代は加速を続けている。一般ビジネスマンにも情報収集は重要だ。実際、中にはやたらに情報に強いという人がいる。こういう人はオフィスではもちろん、自宅でもパソコンを駆使して仕事に関連する情報を集めてためこむ。その熱心さや努力には拍手を惜しまないのだが、情報を活かす上で大切なのは、収集力より分析力だということを忘れてはいけないと思う。

その情報は正しいか、不正確か。仕事に役立つか、大して役立たないのか。

そういうことを分析できなければ、貴重な情報も宝の持ち腐れになる可能性が高いし、取るに足らない情報を後生大事に抱えることにもなりかねない。

いたずらに情報量を誇っても、何の意味もない。

一つの情報をキャッチしたら、それに関連する情報を集めるなどして、真贋《しんがん》を確かめることに労力を使ったほうがいい。いわゆる「裏をとる」のだ。そうしているうちに分析力も自然に磨かれていく。情報の価値を即座に見抜ける目が養われるのである。

スランプには気分転換

悩みや問題があれば、思いはそこに集中する。

解決のための道筋が見えていればいいが、どう考えても方向性さえ見えないこともある。考えは行きつ戻りつするばかり……。

いわゆる堂々めぐりの状態だ。

そうなると、いくら時間を費やしても、いいアイデアもヒントも浮かばない。

そんな時は、腕組みをして「う～ん」と唸るのをやめ、懸案事項をひとまず棚上げして、まったく違うことをしてみるといい。

体を動かすのもいい。

雑誌をペラペラめくってみてもいい。

とにかく堂々めぐりのもとになっていることを、すっぱりと断ち切ってしまうのである。

囲碁で傍目《おかめ》八目《はちもく》という言葉がある。

実際に対局している人より、傍で見ている人のほうが局面をよく読めるということだが、渦中にいると見えないことも、そこから離れることで見えてくることがある。

堂々めぐりをしているのは、考える力がその時点ではもう限界点に達しているということだ。

そこにしがみついていたって活力は出ないのである。

◎ギアチェンジをしてみよう

スポーツ選手はしばしばスランプに陥る。だが、ビジネスマンにだってスランプは訪れる。

ノルマに追われ、人間関係で悩み、仕事の知識不足に苦しんでいるうち、深刻なスランプに陥ってしまう人もいる。

私にもスランプはある。

精神科の患者さんにはひと筋縄ではいかない猛者《もさ》もいて、医者を茶化したり、困らせたりすることも日常茶飯事。

そんな患者さんを日に何人も相手すると、グッタリと疲れ、気持ちも落ち込んで何をするのもおっくうになる。

そんな時、私が脱出策として採用しているのは、ギアチェンジである。

たとえ一時間でも。診察の間に空き時間をつくり、大好きな飛行機の専門誌や本をペラペラとめくるのだ。

なぜか、私の身近には飛行機のシートの実物があるのだが、それに腰かけて海外フライトに思いをはせる。そうしたギアチェンジをすると、不思議と気持ちもチェンジできるのである。

仕事がどうも思うにまかせないといった時は、映画を観てしまうとか、図書館にこもってしまうとか、ギアチェンジをしてみると効果大かもしれない。

◎ペースを変えて心身の集中力を保つ

仕事でグッタリ疲労感を覚える時は、同じ仕事に没頭していることが多い。

人間の集中力には限界があるから、一つのことを続けていれば集中力はなくなり、能率も悪くなって当然である。

そんな状態で仕事を続けても時間を浪費するばかりだ。

ここはチェンジ・オブ・ペースをすすめたい。

集中力が途切れてきたなと感じたら、その仕事からいったん離れ、違う仕事に取りかかるのである。

たとえば企画書をつくっていて、発想が堂々めぐりになってきたら、パソコンから離れ、電話で次週のアポイントを取るとか、とにかく、種類の違った仕事に変えるのだ。

仕事にはそれぞれテンポやペースがある。種類を変えるとそのテンポやペースも変わり、気分が新たになるのだ。

ただし、休息を入れるのは考えものでもある。

せっかく仕事モードになっている頭と体が、休息モードに切り替わってしまい、ふたたび仕事モードにする時間が必要になる。

チェンジ・オブ・ペースは、仕事を継続しながら行なうのがポイントである。

スケジュール管理で毎日が変わる

時間の管理はきわめて重要なテーマである。

私は医学界、出版界など色々な分野に多くの知人、友人がいることもあってか、多種多様の仕事を頼まれる。少しはセーブすればいいようなものだが、生来、好奇心旺盛だから「こんな仕事も面白そうだなぁ」とほとんど引き受けることになる。

現在でも齋藤病院名誉院長、日本精神病院協会名誉会長、日本ペンクラブ名誉会長などを務めている。一時は早稲田大学天文部の講師などもやっていた。講演や執筆も、依頼があれば受ける。これでは、綿密な時間管理なしにはどうにもならない。

そこで私の行動の基本になっているのが「カメレオン的時間活用術」だ。

一日のうちでも、仕事をする場所や状況、相手はさまざまに違う。そのつど私は、カメレオンよろしく顔（気分）を変える。一つ一つの仕事にかける時間はなるべく短めに設定して、そこに集中力を結集させ、終わったらすぐに別の顔になるようにしている。そう意識することで、次の仕事にもフレッシュな精神状態で望むことができる。

気分の七変化は効率的に時間を使い、やる気を保つ奥の手といっていい。

◎多忙日とゆとり日を意図的につくる

「とにかく時間が足りない。一日が二十八時間ぐらいあればいいのに」

超多忙な人なら、そんな嘆きを口にしたことがあるはずだ。つねに仕事は山積みなのに、時間は限られている。これは、かなりストレスがたまる状況だ。

しかし、私は病院の仕事に原稿の執筆、講演やパーティ、各種インタビューなど相当忙しい生活を送っているが、さほどストレスはたまらない。

ちょっとしたコツがあるのだ。それは、こなさなければいけない仕事を、できる限り一日に詰め込んでしまうというもの。当然、その日は午前中に原稿を書いて、午後から二、三本インタビューをこなし、夕方には出版の打ち合わせ、夜はパーティーといった強行スケジュールになる。しかし、翌日からは、好きなことができるのだ。日がな飛行機関連の本や雑誌にひもといたり、部屋の整理をしたり。ふだんできないことを集中してやる。これはストレス解消になる。

多忙を嘆くビジネスマンも、こうしたメリハリをつけたらどうだろう。忙閑自在に時間を使えるようになると、仕事の能率も上がるし、ゆとりを楽しむことも可能になる。

◎未消化日程を翌日に繰り越さない

私は手帳にスケジュールを書き込んで管理しているが、中身は驚くほど、千差万別だ。重要な会議や原稿の締め切りもあれば、散髪とか、家内との食事といったものもある。

とにかく一応、決まっている予定はすべて書き込むようにしているのだ。そうすることで優先順位が見えてくるからである。どれがより重要かがわかれば、突然、仕事が舞い込んできたときなどは、すぐに優先順位の低いものと差し替えればすむ。

予定に縛られる感じはまるでない。私は、立てたスケジュールは何が何でも守らなければいけないとは考えていないからである。もちろん、守る努力は大切だ。でなければ、何のためのスケジュールかわからない。しかし、一つの予定が伸びてずれ込み、最終予定が消化できなくなることが実際にはある。そんな時は、未消化のまま「その日のスケジュールは完了」とみなし、翌日には翌日のスケジュールにトライするようにしている。

そう、一日完結が、スケジュール管理のポイントなのである。

空き時間は「イライラ」するより「何か」をする

私は、戦争中、軍医として従軍した。規律をもっとも重んじる軍隊では、さかんに「死節時間」をなくせと言われた。死節時間とは文字通り、死んだ時間、ムダな時間のことである。

時代はまったく違うが、現代にもこの死節時間がある。たとえば、アポイントの時刻に相手が遅れてくるとしよう。仮に三十分遅れるという連絡が入ったら、さて、あなたはどうするだろう。イライラして「コーヒーのお代わりでもするか」と漠然と過ごせば、あなたはせっかくの三十分を死んだ時間にしてしまうわけだ。

私なら、その時間にいろいろなことを片付ける。電話ですむ用件があれば、かけまくる。原稿を依頼されていれば、テーマを考えてメモする。たかが三十分でも集中すれば、実に使いでがあるものだ。この時間をぼんやり過ごすのとしっかり活用するのとでは、人生の効率がまるで違うと思う。

◎待たされたら「時間をくれた」と喜ぶ

いくらびっしりとスケジュールを組んでいても、隙間時間というものは必ずある。地方に出張する際などに、新幹線や飛行機を待つ時間などがそうだ。たいがいはコーヒーを飲んだり、所在なげに過ごしてしまうこのわずかな時間を、どう有効活用するか。

私は、東京駅で新幹線を待つ間、切符売り場のいちばん端の窓口を、仕事場に使う。いつも閉まっていて誰の邪魔にもならないし、手紙を書いたり、本のゲラを読んだりするにはうってつけだ。また、発車まで二十〜三十分もあれば手紙を何通か書ける。

講演会に帰りなどは駅や空港でスペースを見つけ、お世話になった人たちにサッとお礼状を書き、その場で投函してしまう。自宅に戻ってから改めて書こうとすると、ついおっくうになるが、隙間時間を活用すれば、出し忘れもない。長年の探索のおかげで、よく使う駅や空港のポストのありかはしっかり頭に入っている。

こうすることで、死んだ時間がみごとに生き返るのである。

電車がこないからイライラするのではなく、「隙間時間ができた」とうれしがって有効活用するのが、私の小さな元気の素である。

第4章

体が喜ぶ毎日の過ごし方

ストレスにならない「眠りのコツ」

当たり前のことだが、朝は早起きが好ましい。

人間の体はそもそも、陽が昇ったら目ざめ、陽が沈んだら休息に入るようにできている。それが生体リズムというものである。

なのに現代人は、このリズムにとかく逆らう。

夜はネオン街についつい引き寄せられ、酒を過ごして遅い時刻に帰宅、コンビニで夜食を買い込む。そして二日酔い、寝不足、胃部膨満《ぼうまん》感。これでは、さわやかな目ざめにはほど遠い。

こんな朝から一日を始めても、どんよりした頭から積極的な気分や冴えた発想がわき出るわけがない。

酒で発散したつもりのストレスも、持ち越されたままに違いない。

毎日が無理なら、時々でいい。生体リズムに逆らわない日を設けてみてはいかがだろうか。

夜は早々に床につき、ギリギリに起きるのではなくゆとりを持って目ざめる。カーテンと窓を開け、風を感じてみよう。雲を眺め、小鳥のさえずりに耳を傾けるのもいい。

一日の始まりをゆったりとした時間に変えれば、ストレスもゼロのレベルに近づく。体も爽快だ。

気分も軽く、愉快なことが思い浮かび、活力がわき出てくるだろう。

◎眠くなるまで寝なくていいと考えよう

子どもの頃、明日が遠足とか家族旅行とかいう日は、なかなか眠れなかったものだ。理由は、楽しいことへの単純な期待感と興奮である。

大人になると、眠れない理由が変わってくる。

「ああ、明日は企画会議だ」

「今日の失敗が頭から離れない」

などという不安感と緊張である。

こういう不眠は、何日も続くことがある。

眠れない日が続くと、さらに「また眠れないのでは……」と不安になる悪循環だ。

元気な朝など迎えるべくもない。

ものを考えると、血液が頭に集中して眠れなくなる。あれこれ考えごとをして寝つきが悪くなるのは当たり前である。

眠る前は考えごとをしない。これが第一だ。

どうしても眠れなければ、起きて本でも読めばいい。

人間は必ず眠る。

私は精神科医だから不眠を訴える人には薬を出すこともあるが、理想は眠らせず、眠るまで待つ断眠療法だ。ぐっすり眠れた翌日の爽快感を体験するまで待つのである。

「一晩や二晩、眠らなくてもいいや」と思えば必ず熟睡でき、疲れも取れ、心身に活力がみなぎるのである。

◎睡眠を削ることを気に病まない

「どんなに忙しくても睡眠時間だけは確保すべきだ」と考えている人は多い。

そう考える人は、まず一日二十四時間から平均睡眠時間（七時間半）を差し引き、残りを仕事や趣味などに割り振っていく。

しかし、私は違う考え方をしている。

やりたいことがあったら、ひとまず睡眠時間は度外視して予定に入れるのだ。予定を組んだからには実行する。その結果、睡眠が一、二時間削られてもいいと考えている。

人間、体が欲すればおのずと眠くなる。睡魔に襲われず、やりたいことができている間は、健康上も問題はないのである。

「観劇に行きたいけど、時間がなくて」などと言っている人は、一生観劇に縁がない生活を送るハメにならないだろうか。

私は、平均睡眠時間は六時間程度。だが、体調はすこぶるいい。寝つきも寝ざめもご機嫌だ。忙しい時は四時間くらいの時もあるが、翌日はいつもと変わらぬ状態で朝から仕事にいそしんでいる。もちろん、眠りの深い日も浅い日もある。これは当たり前のことだ。

かのソクラテスも「心地よい眠りは一生のうち数えるほどしかない」と言っているではないか。

頭と体はバランスよく使おう

デスクワーク中心のビジネスマンは、体を動かす時間が少なく、頭ばかりを酷使することになりがちだ。これが心身両面に、よくないのである。

生理学の専門家である田多井吉之介博士は、自著でこう言っている。

「われわれの経験の中に、右手で重い荷物を運ぶ最中に疲れてくれば、自然とその荷物を左手に持ちかえるという、ごく原始的な行動がある。頭脳労働に疲れたら一休みして、職場体操する。あるいは、肉体労働やスポーツで疲れたら、足を投げ出して軽い読み物に目を通す」

つまり、体と頭はバランスよく使うべきで、どちらかに偏ると疲れやすく、気力にも影響するということだ。

だから、心を元気にしようと思ったら、体を刺激するのがよい。

とはいえ、仕事の途中に体操するわけにもいかない。

そこで、休日を「体の日」にしたらどうだろう。頭を使うことは極力避け、存分に体を動かす。スポーツクラブなどに入会せずとも、近くをウォーキングするとか、子どもも相手にサッカーボールを蹴るとか、休みの日にふさわしい過ごし方はできる。

心身をバランスよく元気にしてやろう。

◎右脳を上機嫌にしてやろう

脳には右脳と左脳があることはご存知だろう。

右脳は直感や創造性、左脳は論理の分野を受け持つ。

論理的にものごとを進めなければならない仕事では左脳が使われ、音楽や映画を楽しんだり、絵画や書などの趣味、あるいは料理などを手がけている時には右脳が使われているわけだ。

仕事中心の生活になるビジネスマンは、圧倒的に左脳を使う時間が多い。左脳は使用過多になるとぼんやりしてきたり、イライラが高じたりする。そんな不快感を取り除くのが、右脳を使うことなのである。

ビジネスでは研修などがよく行われるが、そこで右脳を使うカリキュラムを実践すると、体調の不良や意欲の減退を訴えていた参加者がよみがえるのだという。

これは、ふだんの生活でいかに左脳を酷使しているかの証明といえる。

仕事で疲労が蓄積したり、頭が冴えなくなったりしたら、気分転換に一杯ひっかけて眠るよりも、右脳を使う時間を持つのがいい。

お気に入りの音楽を聴いたり、絵を描いたり……。

そんなひと時が、心身の疲労回復に効果大なのだ。

「いいかげん」も使いよう

鬱にとらわれやすい人間には共通項がある。

自分に課せられた責任や義務を、完璧にこなさなければいけない、という思いが強いのだ。仕事にもソツがないし、上司の信頼も厚い、できるビジネスマンの典型といったタイプなのだが、周囲の期待につねに一〇〇パーセント応えようとするあまり、時に責任感や義務感、期待感に押しつぶされ、心晴れぬ状態に陥るのである。

充実感を感じていたはずの仕事に集中できなくなり、会社に向かうのでさえおっくうがるようになっては、これはもう鬱の初期症状だ。

人間は、完璧主義で生きる必要はない。ハンドルに遊びがあるからこそ、車の運転がスムーズにいくように、人生も適度の遊びや、いいかげんさがあって、はじめて歩みも楽しく、ゆとりあるものになるのである。

いいかげんさがもたらす柔軟さやおおらかさは、鬱から脱出する妙薬だ。

「ま、いいか」主義を少し取り入れてみると、ふさいでいた心に一陣の清風が流れ込むだろう。

◎他人に甘くすることで自分も救われる

他人に厳しく、自分には甘い人がいる。部下のミスは容赦なく責め立て、怒鳴り散らすのに、自分の失敗には知らんふりする手合いだ。

自己保身の権化のようなタイプというわけだが、その心には、自信のなさが渦巻いている。

他人に必要以上に厳しくするのも、自信が持てない自分を見透かされるのが怖いからだ。つねに強権を発動していないと「バカにされないだろうか」と、不安でたまらなくなるのだ。

その不安を糊塗するために、どうでもいいようなささいなことをあげつらう。

だが、責めているのは他人ではなく、実は自分。

人にバカにされそうな、自信のない自分が許せないのである。部下につらくあたるのは、まさにその裏返しといっていい。これではいつまでたっても自信など生まれようもないし、人間がますます小さくなる。

まずは他人に寛大になることだ。

「仕事にミスはつきものなんだから、みんなでカバーすればいい」

そんなふうに考えれば腹もすわり、自分を許せないという気持ちもなくなる。

他人に寛大であれば、自分にも寛大になれるのである。

◎「こんな日があってもいいさ」と許す

「人間とはこうあるべき」と仕事に手を抜かず、こうと思ったら突き進み、自分を厳しく律して生きる人がいる。

その周囲には「威圧的オーラ」が渦巻く。「キミもこう生きるべきじゃないのか」とでも言われかねない雰囲気が漂うこの人物を、人は「偉いなあ」とは思っても、積極的には近づこうとはしないものだ。

実際、自分に厳しい人は周囲にも厳しい目を向ける傾向が強い。「まっ、いいか」「なんとかなるでしょう」と肩の力を抜いたとたん、ビシッと鋭い視線が飛んできそうである。これでは周囲の人はたまったものではない。

好意的に見れば、たるんだ空気にピリッとした緊張を与えているわけだが、逆にいえば、堅苦しく、息もつけない雰囲気をつくっているのである。

たまには自分を甘やかしてみることも必要ではないか。

「こんな日があってもいいさ」と自分にも人にも寛容になるのだ。
自分を律してばかりでは疲れるし、人に厳しければ誰も近づいてこない。
ほどほどに甘く、そこそこに厳しく、がいちばんいいのである。

ちょっとでいいから毎日遊ぶ

「趣味は何ですか」

こう聞かれて「仕事が忙しくてそんな時間ありませんよ。休日に時々家族サービスするのがせいぜい」と、答える人がいる。

趣味に費やす時間がない、会社で疲れてそれどころじゃない、仕事中心の毎日で趣味で遊ぶなんてとんでもない、ということなのだろう。

そういう人は「時間ができたら、何か始めようとは思います」とつけ加えるものだが、はたしてそれが現実になるのか、私はちょっと首をかしげたくなってしまうのである。

私は、多忙な時こそ、趣味で遊ぶべきだと考えている。

仕事に追われていると、それでなくても義務感に縛られ、時に押しつぶされそうな圧迫感すら感じることがある。

人間は、そんな重さにひたすら耐えるだけの生活は送れない。そこから解き放たれる状況がなければ本当につぶれてしまう。

解き放たれる状況は、自分でつくるものであろう。

義務を感じないものなら、何でもいい。ちょっと遊んでやろうという気持ちで十分なのだ。

とにかく、毎日「遊ぶ心」を持とう。

◎一日一度は好きなことをする

「仕事、仕事の毎日で、楽しいことなどありゃしない」

そう感じている人は少なくない。

宮仕えは気苦労が多いし、ビジネスには煩雑《はんざつ》な人間関係がついて回る。

一日の仕事から解放される夜、平日の会社生活が一段落する週末、どちらも気分は相当にめいっていて、楽しむどころではないというわけだ。

楽しめないからめいり、めいるからいっそう楽しみを見出せなくなる、という悪循環である。

しかし、誰にだって「これが好き」「これをやっていると楽しい」というものがあるはずだ。

一日、一週間の終わりは、好きなことをしてしめたい。

ゴルフや旅などは休日に、帰宅後のちょっとした時間には、ネットサーフィンや友人とのメール交換、読書（コミックだっていい！）、観葉植物の手入れなどと、自分なりに好きなことをリストアップして、スケジュールに加えよう。「好きなのはゴルフだけ」という人なら、平日の夜はパソコンのゴルフゲームでバーチャルプレイを楽しむことができるではないか。

大好きなことをするだけで、毎日のリフレッシュ感がまるで違ってくるものだ。

◎仕事にも遊びの要素を見つけよう

これまで仕事にしか向けなかった目を、少しだけ自分の生活の周辺に向けてみるだけで、趣味は容易に見つかるものだ……と、言いたいところだが、なかなかそうもいかないようだ。

多くの場合「いざ趣味を持ちたいと考えると、自分には好きなこと、趣味を持てるものがほとんどないことに気づいた」ということになる。

確かに、生活のほとんどが仕事中心にまわってきたのだから、いざ自分の好きなこと探しても、見えてこないのが当然かもしれない。

でも、あきらめることはないのだ。

たとえば仕事でよく出張へ出かける、接待酒もそこそこいける口だ、といった人には、こんな方法はどうだろう。

出張先の地酒を、堪能してくるのだ。

かつ、飲んだ地酒の蘊蓄《うんちく》をお店の人からしっかり収集し、製造元もきっちり確認しておく。

そして、家に客を招く予定があれば、蔵元からその酒を取り寄せて振る舞い、酒好きの人への中元、歳暮にはそれを届ける。

「ほう、なかなかいい趣味をしている」と評価をもらえれば、立派な趣味になる。

試してみてはいかがだろうか。

心の疲れには「旅」が効く

旅が趣味だという人は多いが、時間に追われるビジネスマンには「ふと思い立っての気ままな旅」に出かける機会はそうはない。せいぜい一年に一度、家族サービスをかねた小旅行ができれば上々といったところだろう。しかし、旅心があれば、通勤や出張だって趣味の色合いをそなえた、立派な旅になるのである。

通勤経路を変えてみる。利用する交通手段を電車から地下鉄、バスにしてみる。そんなことでも、いつもとは違うワクワクする感じを味わえる。そして、日常とは違う感覚、体験は、旅そのものではないか。

長い距離を移動する出張などは、さらに旅の色合いが増す。

列車を利用するなら、あらかじめ駅弁のうまい駅をリストアップしたり、土産物を買う駅を決めたりすると、旅情が刺激されて、出張の味気なさは解消される。飛行機なら、目的地までどのような経路を飛ぶのかを見て、機上から眺めたい風景をいかに確実に見るかを考える。今は座席を指定できるから「ここは左の窓側をゲットして富士山を拝むぞ」ということが可能なのだ。

◎自分の町でも旅行はできる

前述したように「旅行に出たい」と思っても、急にまとまった時間をとるのは大変だ。仕事も片付けなくてはならないし、時間のやりくりがつかなければまた次回に、なんてお流れになることもある。新宿と府中の病院をかけ持ちしていた時代は、私もそんな状態だったから、欲求不満になった。

そこで私がとった行動が「町歩き」だった。好んで出かけたのは、著名な方が多く眠っている多磨霊園である。三島由紀夫、長谷川町子、岡本太郎、山本五十六……。同じ時代を生きた方々ばかりだから、その前に立つと、いい知れぬ感慨や懐かしさがわいてくる。季節が変わればお墓も表情を変えるし、何度か歩いていると、新しいお墓を見出すこともある。お墓の主の足跡に思いをはせながら、我が身を振り返ってみたりする。

町歩きはおすすめしたい。見慣れていると思っている景色にも、よくよく見ると、感動が見えてくる。季節になると雪柳が咲き乱れるお宅、しばらく主を見かけないと思ったら赤ん坊の泣き声が聞こえてきたり……。ほのぼのとした気分にひたれる瞬間である。

◎今の趣味がさらなる趣味を呼び込む

実際の旅は、本当にいい。つい先日も仙台に行ってきた。父・茂吉の歌碑を建ててくれるというのでご招待があったからだ。仙台まで日帰りという、この年齢になると、ちと体にはこたえる強行軍ではあったが、それでも私は喜んで出かけた。

何といっても私は旅が好きなのだ。たった三時間ほど列車に乗るだけでも、心はウキウキしてくる。事前に調べておいた景色が目に飛び込んでくると、つい歓声の一つもあげたくなってしまうのだ。そこで私は「東京を出てから○分で……」などとメモを残す。旅は何度同じところへ出かけても、飽きることはない。季節があり、天候がある。同じ軌跡をたどっているのに、見える景色はいつも違う。それが楽しいし、私の場合はそれを記録に残すことが趣味ともなっているのだ。

一つの趣味がさらなる趣味を呼ぶ。海外旅行に行くたび集めた航空会社のロゴ入りバッグも、今や四百個を越えているが、これも私の旅好きから生まれた、もう一つの趣味なのである。

時には自然の声に耳を傾ける

父・茂吉は山形の出身である。山形には男子が十五歳の元服になると、出羽三山詣でをする風習がある。茂吉も祖父に連れられて登り、私もまた父に連れられて登った。その習慣は我が家の習慣となり、私は息子を、息子は孫を連れてこの儀式を受け継いだ。おそらく、齋藤家の伝統として、これからも受け継がれていくに違いない。

この伝統ゆえか、私は学生時代、山岳部に所属していた。

そして今から五年ほど前、久々に白馬に講演旅行する機会に恵まれた。

日本アルプスは若かりし頃の思い出の地だ。この時私は八十一歳になっていたが、どうしても白馬岳に登りたくなった。登山靴もなし。危険と隣り合わせである。当時のように息の乱れなく闊歩《かっぽ》とはいかなかったが、マイペースで雪渓下の白馬尻までたどり着いた。到着した時の、なんと爽快だったことか。雪解け水が流れ、風を起こし、それが頬をなでる。空気がうまい。水もうまい。空が近い。日々の疲れなどはるかかなたに投げ捨ててしまえる。山はいい。山は忘れかけていた達成感を思い起こさせてくれた。

◎大海原に包まれてみる

私は飛行機が好きだし、船は四歳の時から豪華客船に乗っている。それがひょんなことから船上講師を依頼され、三か月間の世界一周航海に出かけることになった。好奇心は人一倍旺盛であるからして、それ以来、昨年まで四回、世界一周の船に乗っている。

船の上は、まさに別世界だ。くる日もくる日も見えるものは大海原ばかり。そんな毎日ではさぞ時間を持てあますのでは、と思っていたが、とんでもない。

私たちは日常、時間を楽しむなどということはしない。いつも何かに追われて、時間から時間を綱渡りしている。

日常では、動いているのは社会の時間であって自分の時間ではない。

しかし、船の上は違うのだ。流れる時間のすべてが自分の時間になる。「○○しなければ」といった強迫観念が、まったく消えてなくなるのだ。当然、ストレスなど感じようもない。三日でも、一週間でもいい。ゆったりと海に出てみるといい。

◎非日常が味わえる海の旅

船旅がいいのは、自分の時間を過ごせるからだけではない。その時間のすべてにメリハリがあるのだ。

船にはさまざまなイベントが積み込まれている。スポーツジムが用意され、ゴルフやジョギングまでできる。劇場でのショー、ダンスタイムもあり、私が招かれたように講演などもある。さまざま教室にも、好きな時に参加できる。

ドレスコードは、カジュアル、インフォーマル、フォーマルの三種類だ。男性はタキシード、女性はロングドレスというフォーマルディナーの日が毎日あると思っている人がいるが、それも一週間か十日に一回ぐらいだ。約百日の世界一周でも、フォーマルの日は、たった八回だけであった。もっとも、女性側からフォーマルの日をもっと増やせという声もあったが……。テーブルを囲みながら見知らぬ人と談笑するのも、非日常であろう。

このように、ふだん経験することのない非日常が、船の中には満載なのである。メリハリも満載だ。くどいようだが、クルージングの旅はぜひおすすめしたい。

小さな心がけで食事がもっと楽しくなる

食は文化である。

食を生み出す背景にはその国、その地方に根づいた奥深い何かがある。気候風土があり、そこに住む人々の生きる術すら垣間見せられることもある。

ジャングルの奥地へ行けば、木の中からとる虫をタンパク源として食べて生きている。韓国や中国では犬も食材となる。我々からすると「おっ」と尻込みする食材も、その土地では生きるための大切な栄養源なのだ。

納豆なども他国の人から見れば「おっ」という食材であろう。

納豆はいわば、大豆を腐らせたものだ。最初に食べた人はさぞ、好奇心の強い人だったに違いない。

そうした先人たちの知恵と好奇心が、今の私たちの食卓を豊かなものにしてくれているのである。

日本は、いながらにして世界各国の料理が楽しめる。食べることへのこだわりがそれを実現したのだろう。

食卓は豊かになった。器に凝る人もいれば、作法に乗っ取った懐石料理を楽しむ人もいる。大いに結構。

もっとも基本的な食べるという行為も、好奇心と探究心で素晴らしい趣味になる。歴史への興味を満足させてくれたりするものである。

◎時にはたっぷり食べる

一時の商業的グルメブームは一段落のようだが、食べるものに対する興味が失われるということはない。食はエネルギーの源泉であり、命の原点だからだ。

元気がない時でも、うまいものを食べると力がよみがえってくる。

たとえば落ち込んでいる時、励ましの言葉をかけられても、かえってうっとうしくなることがあるが、うまい食べ物となると、心身の反応が違ってくる。

しかも恋人や友人がみずから材料を持参し、心をこめた手づくり料理を振る舞ってくれたりしたらどうだろう。

料理のあたたかさは、どんな言葉よりも胸にしみる。

レトルトやインスタントなど、利便性ばかり追求した食品では、うまいものの、元気回復効果は期待薄である。

「ちょっと待ってて。今おいしいもの用意するから……チーン」

これでは、立ち直るエネルギーも萎える。

何も凝った料理でなくてもいいのだ。

気のおけない仲間たちと好きな具材をたっぷり使った鍋を囲むのだっていい。料理のあたたかさに、会話の楽しさが加われば、いやなことも忘れる。

食は心のエネルギー源でもあるのだ。

◎「食べる、けど残す」ダイエットに変えよう

若い人は実によく食べる。食べても太らないからいい。それだけ新陳代謝が活発なのだ。

だが、いつかは食べたものと新陳代謝のバランスが傾く時がくる。そして肥満。

「あんなにスリムだった体がいつのまに……」と嘆くことになるのだ。

私も若い頃は実にスリムであったが、四十二歳でタバコをやめてから太った。減量作戦を実行したが、うまくいかない。一度太ってしまうと、やせるのはなかなか大変なのである。

しかし、食べなければ元気は出ない。食べて太らない方法はないか。

それには腹八分目にすることだ。

人間、食べたいものを食べないことほど、精神的に苦痛なことはない。

だから食べたいものは食べよう。

ただし、ほんの一口を残すのである。

もったいないが、健康のためだ。一口残す習慣がつくと、食べることは、たんに食欲を満たすだけの行為ではないことに気づく。

楽しんで食べ、楽しく食べるために演出も必要だ、ということがわかってくる。自然と心にも余裕が生まれてくるから不思議である。

「したことない」ことで心身リフレッシュ

「最近どうもやる気が起きなくて……」というように、誰でも、理由なく気分が乗らなくなることがある。

たとえばビジネスマンなら、仕事に慣れるほど「同じことの繰り返しだなあ」と感じがちだ。

仕事は同じでも、日々新たな気持ちで取り組めば、やる気が減退することはないとはいうものの、現実はそう簡単ではない。

マンネリの中でリフレッシュをはかるのは、なかなかの難事なのである。

だったらマンネリは放置して、これまでやれなかった新しいことに挑戦してみるのはどうだろう。

英会話スクールに通う。ソムリエの勉強を始める。講演会や、異業種交流のパーティーに出かける……。

多忙を理由に禁じていた新しい場に身を置くと、萎えていたやる気がムクムクと起き上がってくる。緊張感や刺激が気分を奮い立たせるのである。

「外観整わば、内観おのずから整う」という。

まず外観（環境や状況）を一新すれば、内観（心）もそれに引っ張られて変わってくるのだ。

この原理を活用しない手はない。

新たなことへの挑戦は、少しの勇気と行動力が必要だが、気分の停滞は間違いなく払拭《ふっしょく》される。

◎たまには家事もやってみよう

「男子厨房（キッチン）に入らず」とは昔の話だ。

今は、料理にうるさい男性も増えた。フライパンをシャカシャカと振り、みごとな手さばきでプロ顔負けの一品を仕上げる。料理法や食材についての蘊蓄も半端ではない。大いに結構なことである。

私のように古い人間になると、家事はすっかり女房殿まかせで、日常的には厨房に入ることはめったにない。

ただ、それでも必要とあれば台所に立つことを拒まないし、まあ、なんとか食えるものは作れる（と思っている）。そして、キッチンに立つ日はいつになくウキウキと新鮮な気持ちになったりするものだ。実に楽しい。

「そう思えるのは毎日のことじゃないからですよ」と女房殿のため息が聞こえてきそうな気もするが……。

ともあれ、料理などの家事に没頭するのは、いい気分転換になる。

仕事と家事とでは、神経や筋肉の使う部分、使い方が、まるで違うからでもあろう。

休日には、テレビやパソコンから離れ、料理、掃除、洗濯、日曜大工……と積極的に体を動かそう。脳にも心にもかっこうの刺激になる。

◎スポーツをおっくうがらない

一念発起して水泳を始めた男性がいる。

彼はまったく泳げない。まあ、浮くことくらいはできるのだが、若い頃からカナヅチであることが多少の劣等感であったが、「年齢を重ねると、恥ずかしさが薄らいでくるものだ」とスイミングスクールに入ることにした。

スクールは女性ばかり。最初は居心地が悪くおっくうだった。

しかし、泳ぎ始めてみると、これが実に快い。

一週間に一回一時間のスクール通いを続けるうち、なんとか形にもなってきた。技術的に上達する喜びも加わって、彼は毎週その時間を楽しみにするようになってきたのだと言う。

スポーツはいい。頭から雑念が消える。

「仕事がつらいなあ」などと考えながらできるものではないから、当然集中する。これがいいのである。頭の中が空っぽになり、終わった後は心に爽快感が充満する。

適度の運動は脳内にβエンドルフィンという物質をつくり出し、これが爽快感をもたらすとの研究報告もある。医学的にも認められたスポーツの効用だ。

しかし、運動も適度に、が条件である。

完全に疲れを抜く休日の過ごし方

ゴロゴロ休日は心を怠惰にさせ、体をかえって疲れさせると言われても、どうにも行動に移せない人もいよう。

一週間の大半は仕事に費やされる。心も体もくたくたになり、休日にはリフレッシュしなければと思っていても、気力がわかず体が動かない。ついつい、テレビの前にゴロゴロ。わからないわけではない。しかし、疲れの抜けていない月曜日に、肉体も精神もうまくギアチェンジできなくて、仕事にとりかかるまでに時間がかかる苦痛を思えば、なんとか対策をとらなければなるまい。

週休二日の会社が増えているから、二日に分けて考えるとよいだろう。

まず一日目は休養にあてる。一日中ゴロゴロしていたっていい。二日目には逆に、生産的な行動をとるのだ。スポーツ、料理、ガーデニング、散歩、ドライブ……何でもいい。休日が一日だけなら、これも半分に分け、午前中は休養、午後は趣味に費やす。休日の後半は月曜日に備えて、頭と心のウォーミングアップをしておくのが私のおすすめである。

◎休日には仕事をしない

日本では、恒常的な残業など常識である。入社このかた一度も残業したことがない、と言うビジネスマンがいたら、その鉄のポリシーは感嘆に値する。一般ビジネスマンは、残業はもちろん休日出勤もいとわない。会社には出ないまでも自宅に仕事を持ち帰り、休日をつぶしているケースも少なくない。これでは働きすぎになるのも当然だ。その結果、忙しさに押しつぶされて鬱状態になったりするのだから、ビジネスマンの世界は過酷だ。

しかし、休日を返上しなければならないほどの仕事が、実際にあるのだろうか。「なかなか仕事がはかどらないな。まぁ、土日があるからそこで仕上げればいいか」。案外、こんなふうにハナから休日を見越した仕事の仕方をしていることが多いのではないか。

休日は仕事をしない。そう決めてしまおう。就業時間内に仕事を終えるペースをつくり、能率アップをはかろう。

時間はまず限定してしまうことが、有効活用の決め手である。

◎外に出るだけで気持ちはリフレッシュされる

休日に家でゴロゴロし、「掃除もできないじゃない」と女房殿に叱られても「仕事で疲れているんだ！」と反論して、長年の習慣を守る。ここまでゴロゴロ休日が自分なりのリラックス法である人は、それはそれで否定しない。

ただし、病的な問題がなければの話だ。精神科医の立場からは、休日は鬱状態にならないようにリフレッシュするチャンスだと申し上げたい。

鬱に陥る黄色信号の一つに、何もやっても疲れやすく、バイタリティがなくなることがあげられる。さらに、好奇心を抱く対象がなくなり、何をやっても楽しくなくなってきたとしたら、警戒の度合いは高まる。加えて、それまで休日といえばゴルフや釣りに出かけていた人が、ため息まじりにゴロゴロし始めたら、ことはさらに深刻さを増す。

鬱の状態に拍車をかけないためにも、こんな時こそ逆療法が必要である。

散歩でも図書館通いでもいい。

ウィークデーとは違う外出に積極的に集中してみよう。

◎休日にだらしない恰好でゴロ寝しない

「ウィークデーは馬車馬のように働いているんだから、休みくらいゴロゴロしてなきゃ体がもたない」と、休日の過ごし方を型にはめていないだろうか。

それが実現可能か否かは、奥方の寛大さにかかっているとはいえ、ゴロゴロ休日はほとんどのビジネスマンの願望かもしれない。

ところが、これがまずい。パジャマ、無精ひげ、ゴロ寝の怠惰を一日中決め込んでいると、脳の働きが悪くなり、体の疲労もかえって蓄積されてしまうのだ。

月曜日に「どうも仕事の能率が上がらないし、体もだるい」といった経験は誰にもあるが、これがゴロゴロ休日の後遺症なのである。

休日には散歩を習慣づけるといい。

ふだんは歩かない自宅周辺を散策してみると、新しい発見や感動がある。「こんなところに公園が」「もう銀杏が色づく頃なんだ」……。そんな思いが絶品の気分転換となり、脳もどんどん活性化する。

翌日のブルーマンデーが一転、ファインマンデーに変わること、うけ合いである。

「思い込み」でどんどん元気になれる

仕事は多かれ少なかれストレスをもたらす。

好きな仕事をしていたって、やることなすことうまくいくことは少ないし、ましてや、あまり好きでもない仕事を鬱屈した気分でこなしている場合は、ストレスもいや増すというものだ。

しかし、「あぁ、いやだ、いやだ」と言い続けて仕事がおもしろくなるわけはない。実は、その「いやだ」という逃避的な考え方が、仕事をますますつまらなくしているのである。

逃避はだめである。

転職するなら、きちんとプランを立てて実践すべきであり、そうでなければ仕事から逃げるのをすっぱりやめることだ。

そして、少しでも仕事の中におもしろさを見つけよう。

私は仕事が楽しいかと聞かれたら、迷わず「もちろん、楽しいし、おもしろい」と答える。現実には当然、つらいこと、わずらわしいこともある。そんなことはわかった上でなお、そう答えるのだ。

気持ちが「つらさ」「わずらわしさ」に向かえば、つらさもわずらわしさも増す。思い込みでいいから「おもしろい！」と言ってみよう。不思議に逃避思考が消えるはずである。

◎元気がなくても笑顔を見せる

体調が悪くて気力が薄れる。すると表情からも笑顔が消えて、ますます心身が沈鬱になる、という悪循環に陥ることがある。

そんな時こそ、笑顔のパワーを活用すべきである。

年齢、体型の似た人が同じ病気になり、同じ治療を受けるとしよう。回復の早さに差はないように思えるが、笑顔を絶やさず、明るく病気を受け止めている人のほうが回復が早い傾向があるのだ。

実際、ガンの患者さんにお笑いのテレビ番組を見せ、大いに笑ってもらうと、免疫力が高まって、ガン退治にも一役買うという話もある。血圧や血糖値が笑うことで下がることもわかっている。

そう、笑いは元気の素なのである。笑うから心身が元気になる、という善循環を積極的につくっていこう。

もちろん精神的にも笑いの効果は絶大だ。気分が沈んでいる時には、無理にでもいいから、笑顔をつくってみよう。

つくり笑いをしているうちにだんだんおかしくなってきて、やがては破顔一笑状態になるものだ。

すると、お腹の底から元気もわき起こってくるはずである。

◎おいしい場面を詳細にイメージする

「最近どうも調子が悪いな」と思い込むと、実際、体調がすぐれなくなったりする。病は気から。頭に描いたイメージは体にも影響を与えるのである。

スポーツにはイメージトレーニングが取り入れられているが、その効果を示すこんな実験がある。

バスケットボールの選手を三グループに分け、第一のグループには二十日間毎日フリースローを行なわせ、初日と最終日のスコアを記録した。

第二のグループには初日と最終日のスコアを記録し、その間には一度もフリースローを行わせなかった。

そして、第三のグループは初日にスコアを記録し、その後は毎日三十分間イメージの中で、成功するまでフリースローを行うよう指示して最終日にまたスコアを記録した。

成功率がアップしたのは第一、第三グループで、その割合はそれぞれ二四パーセント、二三パーセントだったという。

つまり、フリースローを実際に行っても、イメージの中で行っても、ほぼ同様の練習効果があったわけだ。

「今日は爽快」「調子がいいぞ」。そんなプラスのイメージをつねに描いていれば、健康にもいい効果が得られるのである。

◎思い切って長期休暇を取ろう

そうは言っても、そんな簡単に元気になれない、と言う人もいるだろう。

ビジネスマンは少なからず義務や役割を負っている。たとえ、新入社員であろうと、やらなければいけない仕事や役割を持たされている。

それが、やりがいややる気にもつながるのだが、半面、ストレスのタネにもなる。

義務が大きなものになり、役割が重要なものになれば、かかるストレスも増大する。今は週休二日が一般的だとはいえ、蓄積した疲労やストレスは、週末だけでは解消できるものではないのである。

しかも、日本人には休むことに対する罪悪感がある。

休日にも仕事のことを考えることは珍しくないし、ましてや長期休暇を取るとなると「みんなに迷惑をかけていないだろうか」「仕事はうまく運ぶだろうか」と不安ばかりが先に立つ。

だが、疲労やストレスを一掃するためには思い切った長期休暇が必要だ。

心身を完全に解き放つには、ある程度の期間、仕事から離れるのがいちばんなのである。

諸事情はあろうが、勤続疲労を感じ始めたら迷うことはない。長期（せめて二〜三週間）の休暇届を出そう。

毒にならないお酒の楽しみ方

私は社団法人アルコール健康医学協会の会長を務めているから、ちょっと薀蓄を語らせていただく。

人間がお酒を飲むようになったのは、採集生活の時代のこと。グミの実や野ブドウなどが発酵すると、アルコールを含む液体になることを知った時からである。

現在日本のアルコール摂取量は世界で第二十五位くらい。もともとアルコール分解能力は高くない人種だが、よく飲むようになったものである。

その先頭を切っていたのは私である。

とは大げさにしても、若い頃はよく飲んだ。酒量限度も知らず、二日酔い気味で診察したこともある。しかも、そんな日も、夕方になると迎え酒と称してまた飲む。基礎体力があるから飲めたのだ。

さすがに今は、医者から飲むなと言われれば飲まず、お許しが出ればきちんと指示を守って飲むようになった。

お酒は適量であれば、最良の精神安定剤にも、疲労回復剤にもなる。過飲すれば害をもたらす。これは、ストレスが過剰になれば害になるのと同じである。

適量がお酒の鉄則なのだ。

◎とにかく適量を心がける

お酒は「体にとっての適量」を知っておかないと健康を害する恐れがあるわけだが、同時にお酒には「心にとっての適量」もあって、これを知らないとアルコール依存症となる。

今、日本には、入院を必要とするアルコール依存症の患者が、二万人いる。予備軍を含めると、二百万人がアルコールに頼ってしまう「心」を抱いているといわれている。

しかし、適量さえ守れば、お酒は大いなるやる気の素になる。

まず、お酒を飲むと楽しくなる。人間はよかれ悪しかれ抑制の中で生きているが、それをほんの少しゆるめてくれるのがお酒だ。お酒をうまく飲む人はノイローゼになりにくいともいえるのだ。

劣等感もやわらぐ。人前でしゃべるのが苦手な照れ屋を、社交的で解放的な人に変身させる魔力がある。

すべてが美化されるという効用もあろう。お酒を飲むとみんないい人で美人になるのだ。

適度のお酒は体によく、心にもいい。くれぐれも適量を守って、善用していただきたい。

◎上質の酔いを知っておく

「お酒を飲んだらうまく酔おう」が私のモットーである。

酒を飲むんだから、酔わないほうがおかしいし、酔わないようにしようとするのは不自然だ。飲んだらうまく酔う。

そのためには、くどいようだが、適正飲酒を実行することだ。

アルコール健康医学協会会長の立場から言うと、日本酒なら二合、ビールなら中瓶二本、ウイスキーならダブル二杯まで（合計ではない、それぞれである。念のため）。個人差はあるが、我が協会の「適正」はこの量に決めている。さらに、休肝日を週に二日設け、すきっ腹で飲まずに、つまみを十分にとることが条件としてつく。

が、これらを守っている人は、まずいないのではなかろうか。

「オレは酒が強い！」と豪語する人、「酒はいつでもやめられるんだから」と安易に考えている人も多い。

しかし現実は、気づかないうちにアルコール依存症になり、抜け出せなくなったりするのである。最悪の場合手足が震え、幻聴、幻覚が表れても、さらに飲み続けるまでになる。

酒は飲んでも飲まれない程度が、いちばんうまいのだ。

◎怒りながら飲まない

かつてストレス解消のトップが「酒」であった。

最近は「趣味」「スポーツ」がトップになり、酒はダウンした。我が協会の「適正飲酒のすすめ」が功を奏したのだろう。

だが、今でも酒をストレス解消法にしている人は少なくない。「課長は仕事を押しつけて手柄は独り占め。最低だよな」「私たち、お茶を入れるために会社に入ったんじゃないわよね」……。時には酒席でにぎやかにグチり、鬱憤を心の外に逃がしてやるのもいい。

だが、それにも限度があるだろう。最悪なのが、いわゆるやけ酒だ。

それでも「え～い、今日はやけ酒だ！」と始める酒はまだいい。いやなことはパッと発散して、忘れてしまおうという積極的な意思が垣間見えるからだ。

悪いのは、精神的に行き詰まり、陰々滅々とした気分で、じめじめ飲むお酒。鬱屈が爆発して暴れてしまったりするのは、こんな時なのだ。そして「あんな人だとは思わなかった」と言われてしまう。

あまりに精神的な抑圧が強い時は、ストレス解消法は酒に頼らない。温泉にゆったりつかるなど、別の方法に切り替えたほうがいいだろう。

第5章

小さな変化で人生はもっと楽しくなる

人生には仕事以外の楽しみがたくさんある

エコノミックアニマルとは、高度経済成長期になりふりかまわず働いた企業戦士に、諸外国が皮肉をこめて与えた「称号」であった。このアニマルの生きがいは、一にも二にも仕事。家庭をかえりみることなどは論外。自分の睡眠時間もギリギリに削って仕事に打ち込むのが行動パターンであった。

そこまで自分を仕事に駆り立てる意欲には感嘆するしかないが、つねに緊張感にさらされ、ストレスをため込んだ結果、彼らの何人もが倒れた。突然死である。時代は変わったが、彼らの死の教訓は今も傾聴に値する。ゆとりの大切さがそれである。

仕事に生きがいを感じるのは悪くないが、仕事しかないということではちょっと困る。休日は趣味に遊ぶとか、家族の団欒《だんらん》を満喫するとか、ゆとりの時間を持つことである。

勤勉な日本人は元来、ゆとりとは相容れないメンタリティを持っているかもしれない。しかし、もう宗旨替えをすべき時だという気がする。戦士の墓の列にみずからの墓標を並べないためにも、大いに遊ぼうではないか。

◎つねに「二兎を追う」生き方をする

「二兎追う者は一兎も得ず」という。一つのことに専心せず、いろいろなものに手を出すと、結局、何ものにはならないということだ。二兎はおろか、三兎、四兎を追いまくっている私など、この戒《いまし》めに背いている人間の典型かもしれない。

それはともかく、一日は二十四時間と決まっている中で、二兎を追うことなどできないと考える人もいるだろう。通勤時間、就業時間、睡眠と食事の時間を合計すれば、ゆうに二十時間を超える。自由時間はせいぜい二〜三時間。とても仕事以外の兎を追っている暇などないというわけだ。しかし、たとえば会社で重要ポストにつきながら、作家としても一流の仕事をしている（していた）人はいくらもいる。

東京相和銀行に勤務していた故・山田智彦さんもその一人だ。彼は帰宅後、即座に食事と入浴をすませて眠り、早朝四時から七時までの三時間を、執筆時間に使っていたという。

このように、自分で時間を支配し、完全活用すると決めれば、たいがいのことはできる。「断固二兎を追う」という気概が、時間を生かすのだ。

◎「忙しさ」の中身を検証する

ビジネスマンの日常は、おしなべて多忙だ。「忙しい」を口にする頻度は、相当に高いのではないだろうか。以前、私の患者さんに、仕事の多忙さからノイローゼのようになった人がいた。こんな場合は、仕事のほかに何か達成目標を持つのがいい。私がその旨を伝えると「運転免許証が取りたい」と言う。「では、そうなさったらいかがですか」と私が言うと、彼はとまどう。「そうは言っても忙しくて、とてもそんな時間は……」と言うのだ。

こんな時にいつも私が持ち出すのが「歯医者さんに通ったことはありますか？」という質問である。歯が痛ければ、どんなに忙しくても歯医者さんに駆けつける。それでも仕事に大きな支障が出たり、致命的に滞ったりすることはない。なぜか。必要があれば時間をつくり出すことができるからである。

まったくほかのことをする時間を割り込ませる余地がないほどの忙しさなどない。時間をうまく使うためのポイントが、ここにある。忙しさの中身を検証しよう。

投資は時間と体験に

消費経済が冷え込んでいるとはいえ、ブランド品は相変わらずの人気だ。

確かに今の二十代、三十代は男女を問わず、車やファッションに惜しげもなくお金を使う。

外見を美しく（？）装うことが悪いとはいわないが、お金の使い道がその方向ばかりに向いている人には、いささか異を唱えたいと思う。

作家の宮本輝さんにこんなエピソードがある。

宮本さんが大学入学の際、実家の経済状態は悪く、とても入学金を用意できる状態ではなかった。しかし、父上は方々に借金を頼み、息子を進学させた。そしてこう言われたという。

「大学の四年間という自由に使える時間を、お前にプレゼントする」

物が氾濫する時代の中で、時間を買うという発想は忘れられている気がする。

しかし、時間は何ものにも代え難いほど価値のあるものだ。

家族揃ってのんびりと旅に出かけ、夫婦や親子がしっかりとふれあう。そんな時間がどれほど心を豊かにするかは、言うまでもあるまい。いい時間を買う。こんな素敵なお金の使い道はない。

◎物より体験に投資しよう

人間は、働きづめでは心身ともにエネルギーが枯渇《こかつ》してくる。

そこでよくいわれるのが「充電」の必要性である。

よく女性キャスターなどが、しばしの間ブラウン管から姿を消す時、決まって「充電期間を持ちたい」といったフレーズを使う。

それまでの仕事の中で放電し、消耗した自分をリフレッシュしたいというほどの意味なのだろう。

しかし、その時間をたんなる休養期間として無為に過ごしてしまったら、本当の意味での充電はできないのではないかと思う。

多少の資金は投入して、海外で生活してみたり、学校に通って興味のある分野を勉強したりするなど、スキルアップ、スケールアップの経験にあててこそ充電といえるのではないか。

ポイントは、好きなことをすること。

そして、お金を変に惜しまないことである。

充電は、一定期間やったからといって、すぐにその成果があらわれてくるものではないだろう。

「せっかくお金を使うのなら、マンションや車など、はっきり目に見えるものがほしい」という思いもあろう。

だが、生涯を通じて消えることなく残り続けるのは、形のない経験のほうである。

いい経験のための投資は惜しむべきではない。

考えれば、旅も充電、スポーツも充電、何かに夢中になることはすべて充電になる。

毎日のちょっとした充電はなるべく安上がりを心がけよう。でないと続かないからだ。

そして長期の充電には投資を惜しまない。これがコツかもしれない。

目先のことにとらわれてみよう

ふと、不安にかられることは、誰にでもある。

「この会社にいて将来、芽は出るのか？」

「親が寝たきりになったらどうしよう？」

などと、先のことを考えれば、不安のタネはつきない。

だが、明日どうなるかは神のみぞ知るところであって、実際、その明日がやってくるのかどうかさえ、定かではないのだ。

突然の事故で昇天ということだって、決してあり得ないことではない。そんな不確かな将来を思い悩むのは、「いらぬ心配」というものである。

昔話を持ち出して恐縮だが、敗戦の爪痕が色濃く残る昭和二十年代には、誰もが今日を生きることで精一杯であり、将来に不安を抱く人はいなかった。

不安を抱く余裕すらなかったのだ。

私も、復員したら家も病院も消失し、残っているのは借金の証文だけというありさま。再出発のために、「今」を乗り越えることに、全力で集中せざるをえなかった。

今はもちろん時代が違う。

しかし、今を乗り越えるためにしなければならない課題は、時代にかかわりなく誰にでもある。

ひとまずそこに集中することである。

心配しようがしまいが、明日は明日の風が吹く。

ここは腹をくくって不安を棚上げするのがいい。

◎とりあえず最小の目標を達成する

フリーターと称する、刹那的快楽主義がはやりである。

だが、大望とは言わないまでも、人生に何がしかの目標を持つことは必要だ。

「将来は独立して事業を起こす」とか「英語を身につけ海外で勝負する」とか、目標を設定することで、努力しようという意欲もわくし、継続する意志力も生まれてくるというものだ。

ただし、十年先、二十年先の目標実現に向けて自分を駆り立てるのは、容易ではない。

目標が遠いほど、今やるべきことが見えにくくなり、のんべんだらりと時間を過ごしやすくなる。また、遠い将来だと、時代背景も自分の姿もはっきりと描くのは難しくなる。

まずは近くの目的を持つことが、遠大な目標に到達するための最善策である。「将来の独立に向けて、今年は五十人の社外人脈をつくろう」とか「まず英検準一級の勉強を始める」といった具合なら、今やるべきことが明確になる。

マラソンランナーは、ゴールを思いながら走るのではなく、ちょっと先にある信号などを目標にして走るのだという。

この走法、人生というロングランにまことにふさわしい。

完璧なんて必要ない

完璧な人間などいない。

私も当然そうだ。とくに最近、物忘れについては完璧の「か」の字もない。

四国に講演に出かける時、入れ歯を忘れて妻に空港まで持ってきてもらったことすらある。もう間に合わないかという寸前、飛行機のタラップを上がったら、スチュワーデスが「お忘れ物です」と手渡してくれた。冷や汗ものであった。こんなことは、しょっちゅうなのである。

精神科医という立場から人間関係に関する本を何冊も書いているが、すべての人とうまくやれているわけではない。妻とだってもう何万回喧嘩をしたことか。

私自身、そのことを隠そうとは思わない。自分が完璧な人間でないことが、わかっているつもりだからである。

一分の隙もないふうを装っていても、いずれボロが出てしまう。

心に鎧をまとっていては、疲れるだけである。

人間なんてスキだらけ、恥ずかしいことだらけでいいのだ。大切なのは、そんな自分をどう高めていくかを考えることである。

もっと自分らしく、肩の力を抜いて普通に生きようと思えば、息苦しさがスッとなくならないか。

◎自分を笑い飛ばそう

人生には、失意の時がある。

会社を辞めて事業を試みたが、あえなく失敗した。不況のあおりでリストラされた。結婚生活が破綻《はたん》した。信頼していた友人に裏切られた……。

まさに、この世の悲惨を独りで背負い込んだ気持ちになる。

失意の闇が深ければ深いほど、気持ちを立て直すのは容易なことではない。

そんな時、闇に一条の光を投げるのがユーモア、ジョークである。思い通りにいかなかった自分も、つらい立場に置かれている自分も、笑い飛ばす。そこに心のゆとりが生まれるのだ。

逆に言えば、ゆとりがなければ我が身の不幸を笑い飛ばすことなどできないとも言えるが、ともかく、つらい自分を冗談のネタにしてみると、立ち直る力がわいてくるから不思議だ。笑いにはマイナスをプラスに変換させるエネルギーがあるのだろう。「すべてご破算とは、我が人生は算盤《そろばん》のようなものだなぁ。今度は電卓人生といきたい」とか何とか、ひとりごちてみれば、ゼロからの出発にもどこか弾みがつくというものだ。

◎期待値を二割下げてみる

人生を充実して生きたいと誰もが思う。その理想やよし。その意欲があるから、仕事でも、恋愛や人間関係でも、より高いところを目指し、自己研鑽につとめることができる。

しかし、だからといって完璧主義は危うい。

人間は一〇〇パーセントを望むと、たいがい失敗する。この世界に「一〇〇パーセント」は存在しないからである。

完璧を求めて自分を駆り立てることは必要だが、「完璧でなければだめだ」と考えて、自分を追い込んではいけない。気持ちに大きな負担がかかり、楽しかるべき人生が堅苦しくなってしまうではないか。

私はつねづね、人生八〇パーセント主義で生きるのがいいと思っている。

二割のマイナス部分をあらかじめ見込んでおけば、つまずいたとしても「まぁ、こんなこともあるさ」と納得でき、焦りやいらだちを感じることもない。マイナスを見込むことでプラス思考になれるわけだ。

人生の八〇パーセント主義こそ、しなやかな生き方の極意である。

八十五歳を超えた今では、七〇、いや六〇パーセントで十分だと思っているほどだ。

軟弱だってかまわない

「硬骨漢《こうこつかん》」が、男の理想のように美化されて、語られていることがある。大反対である。

私自身が軟弱人間の典型だからということだけでなく、軟弱を否定する社会は危険だと思うからだ。

軟らかさ、弱さをことさらに忌避し、硬さや強さを金科玉条のごとくありがたがった、かつての日本は、戦争の愚を犯し、おびただしい死を現出させた。

導いたのは「神国日本は勝たねばならない」という「硬」「強」の思想である。平和な現代日本にもそのしっぽは残っている。

「男たるもの、夫たるもの、こうあらねばならない」という硬直化した「べき論」がそれだ。「硬骨漢」もその延長線にある。

しかし、人生は軟弱に生きたほうが楽しい。

しなやかに考え、臨機応変に行動し、好きなことをする。そこに人生の多彩な味わいも生まれるのだ。

私の大好物の一つは、豆腐である。

豆腐の身上はその軟らかさにある。なんだか融通無碍の感じがする豆腐。冬は人肌の熱燗とともに湯豆腐として、夏は冷たいビールとともに冷や奴として絶品の酒肴となる豆腐。

人間も、かくありたい。

◎「粉骨砕身」なんかしたら死ぬと知る

政治家や官僚がからんだ汚職事件で、関係者の死という悲劇が起きることがある。多くは、背景の巨悪を「安眠させる」ために現場の人間がみずから命を絶つという構図だが、何とも痛ましい。

彼らをそこまで追い込むのは、自分の職務をまっとうしようという使命感なのだろうが、危ない完全主義である。

強烈すぎる使命感は、柔軟な思考力や的確な判断力を奪う。だから、世の中に命をかけてまで守る使命感などないということまで忘れるのだろう。

いつもおおらかでいよう。

いい意味での「いいかげんさ」を守ろう。

やってられないと思えば、やめればいい。手にあまると感じれば、誰かに助けを求めればいい。

粉骨砕身して頑張ろう、と考えるのは過重負担である。

柳に雪折れなしという。

雪の重みに「耐えよう」と頑張れば、枝はポキリと折れもする。

しかし、柳のように「耐えないよ」となよなよたわんでいれば、重みも受け流せる。

いいかげんさは、そんな柳のしなやかさに似ている。

よけいな望みは持たなければいい

考える葦である人間に悩みは尽きない。もちろん、深遠なる疑問、切実な迷いもあるのだが、心を縛りつける悩みの中身を仔細に検討してみると、案外、取るに足らないものが少なくない。

たとえば人はよく「望みが満たされない」と悩むが、それは望み自体が勝手で野放図なためだったりする。「隣は新車を買ったかぁ。我が家はまだ、このオンボロなんて情けない。なんとか新車を……」などと、我が身の満たされなさを悩むのは、はっきり言って勝手だし、正当性もない。他人がこうしているから自分もしたいという望みが悩みのタネになっているのだとしたら、ばかばかしい限りである。

よけいな望みを持たなければ、悩みもそれにともなって減る。ここは一つ、悩みをもたらしている望みとやらが、本当に自分に重要なものか、魂から欲しているものかを見つめ直してみるといい。ないものねだりやつまらない羨望《せんぼう》にすぎないかもしれない。そんな心のもつれをサラリとほどけば、ほら、悩みはグッと減るではないか。

◎「身の丈にあった人生」を築こう

人生には、さまざまなステージがある。夢をふくらませる青春。仕事に意欲をみなぎらせる社会への門出。情熱をほとばしらせる恋愛。そして結婚……。

その中で、誰もが理想と現実のギャップにさらされる。青春の夢はいつかしぼむし、仕事への意欲も色あせていく。恋の熱もやがては冷め、結婚生活も希望とは違ったものになる。しかし、だからといって人生はつまらないわけではない。理想とかけ離れた凡庸な現実の中にも、人は楽しみを見つけるのである。たとえば、仕事で思ったポジションにつけなくても、達成感や充実感は得ることができる。パスカルは『パンセ』の中でこんなことを書いている。「人間は、あらゆる職業に自然に向いている。向かないのは部屋の中でじっとしていることだけだ」

やるべき仕事があれば、そこに楽しみもある。恋愛の熱さとは比べるべきもない結婚生活にも、深い意味がある。「今」に楽しみを見つけながら生きる。「身の丈にあった人生」は、そうやって築かれていくのである。

「負ける」ことはこわくない

人間、誰しも負けず嫌いである。

だから、スポーツなど勝ち負けがはっきりしている世界でないと、負けを認めたがらない。

かつて父・茂吉が芭蕉の名句「しづかさや岩にしみ入る蟬の声」をめぐって、文芸評論家の小宮豊隆氏と論争したことがあった。

茂吉はこの蟬をアブラゼミとし、小宮氏はニイニイ蟬だと主張したのである。「しづかさや」という句の調子には、アブラゼミの威勢のいい声は合わず、かつ芭蕉が句を詠んだ七月にアブラゼミは鳴かない、というのが小宮氏の論拠。

対して茂吉は、専門家の教示を受け、句ができた山形県の立石寺にも出向き、ついには地元の小学生に頼んでセミをとらせるまでして論陣を張った。

そして、茂吉はこう結論づけた。

「芭蕉が立石寺で吟じた俳句の中の蟬は、小宮豊隆氏の結論のほうが正しい。私の結論には、その道程に落差があって駄目であった」潔く負けを認めたのである。

身内を例に引くのはいささか面はゆいのだが、ここには、負けた自分の身の処し方の極意めいたものがあるような気がする。

◎勝ち負けは「ほどほど」に

「負けたい」と思う人間はいない。

ビジネスで競争相手を制してうれしくないわけがなく、議論に勝てば気分が悪かろうはずはない。

だが、勝ちにこだわりすぎて、負けを恐れるのはどうか。

たとえば仕事でも、勝ちにこだわりすぎると態度を明らかにできなくなる。自分が出した提案が却下されれば、負けになるため、沈黙するしかないのだ。

しかし、ビジネスでも人間関係でも、つねに勝ち続けることはあり得ない。勝ったり、負けたりしながら、よりいい仕事ができるのだし、人間関係も深まるのである。

自分の提案が、反対意見をすり合わされることによって、すぐれた方針として結実するといったことはいくらでもある。反対意見が噴出したからといって、負けではないのだ。

提案が最終的に、決まった方針の土台になったのなら、これは「ほどほど」の勝ちというべきであろう。

「ほどほど」までは頑張るが、「ほどほど」以上は求めない。

勝ち負け二元論にしがみついていては人間の幅が狭くなる。

◎敗北を不運のせいにしない

一度の挫折もなく、すべてが順風満帆に進む人生などない。

そこで問題になるのは、挫折をどう受け止めるかである。

会社をリストラされた。事業に失敗した。恋に破れた……。

そんな時「なぜこの自分が…」と受け取るタイプがいる。

むろん、自分の手の及ばない運不運もあろうが、挫折感を味わうことになった背景には、必ずそれなりの理由があるし、その責任は自分に帰すべきものである。

そこをかえりみず、「あろうことか……」と考えるのは、分をわきまえない過信というものがある。

その過信は、次の挫折の引き金となってしまう。

一方、挫折によって分を知り、それをバネに人生を切り開いていくのが「自信」である。

自分の真の能力や人間的スケールは、挫折が教えてくれる。

失敗したら「ふ～ん、これがありのままの自分か」と、謙虚に受け止めるのがいい。

おのれを知れば百戦危うからず、である。

同じ敗北（挫折）の轍《てつ》を踏むことはなくなるし、浮わついた過信ではない、地に足のついた自信をつけていただきたいと思う。

「なんとかしなくちゃ」ではなく「そのうちなんとかなるさ」

どうしようもないことに直面して気分が落ち込んでいる時、まず考えるのは立ち直るための方策だろう。「失恋くらいでいつまでも落ち込んでちゃダメだ。なんとかしなくちゃ」などと自分を叱咤激励し、痛手を払拭しようと懸命になるのがふつうである。

しかし、立ち直ろうとする努力は、必ずしも実を結ぶとは限らない。努力すればするほど、落ち込みの深みにはまることもある。そんな時は、努力を放棄してしまおう。自然に立ち直るまで、落ち込んだまま、自分を、状況を放っておくのだ。

私は不眠症に悩む人に「眠る努力をしてください」とは決して言わない。「眠れないなら起きていればいいでしょう」と言う。いくら起きていようとしても、体が睡眠を求めれば自然に眠れるものだからだ。これと同じように、永遠に落ち込み状態にいることはできない。いつかは立ち直りパワーが自然にわいてくる。

スランプに陥ったスポーツ選手が、あえて練習をしないことで、やる気を取り戻すのも同じだ。力の及ばないことに立ち向かって、ますます消耗することはない。

◎やる気が満ちたら少し気を抜こう

ことをなすのに意気込み、やる気は、ともすると空回りするから厄介だ。日本のスポーツ選手が本番に弱いのも、全国国民の期待を一身に背負っていると意気込みすぎて、実力が発揮できないからだといわれる。

スポーツに限ったことではない。仕事でも、人間関係でも、家庭生活でも、意気込みすぎると、妙なところに力が入り、思わしくない結果になることが少なくない。

私のことを言えば「立派な精神科医になってやる！」とまでの志も意気込みもなかった。大学もまず入ったのは文学部である。しかし、文学三昧の生活を送るうちに、どこか肩の力も抜けて、自然に医学の道に進めたような気がしている。

意気込みややる気は、エネルギー源であると同時に自分にプレッシャーを与え、気持ちの余裕を失わせる縛りにもなる。その結果、視野が狭くなり、いろいろあるはずの方法論にも思いが至らなくなるのではないか。意気込み、やる気をみなぎらせたところでひと呼吸おき、ふっと力を抜くと空回りもなくなる。

今できることをして、後悔をなくす

いくつもの岐路を通過しながら、人間は生きている。しかし、道を選択したのはまぎれもない自分なのに、時に後悔を口にするのだから、人間は勝手だ。

後悔は言うまでもなく、現状への不平不満の産物である。仕事に不満があるから「あの時、別の会社に就職していれば」となるわけだし、女房の仏頂面が癪《しゃく》にさわるから「やっぱり前の恋人だったなぁ」と、元恋人に想いを馳せることにもなる。

だが、一つだけ確かなことは、どんなに悔やもうと過去には絶対戻れないことである。

できないことに縛りつけられるほど、無意味で非生産的なことはない。

不平不満に満ちた現状を変えるには、今できることを考える以外にないのである。

いや、知恵を働かせれば、現状のままで不平不満を解消する策だってあるはずだ。

たとえば、感謝のひと言が女房の仏頂面をやさしい笑顔に塗り替えることだってないとはいえないのである。

過去に足をからめとられていては、その発想すらできなくなってしまう。

◎「しなかった場合の後悔」を考えて動こう

日本企業の特徴であった年功序列、終身雇用システムが崩れ、転職してキャリアアップをはかる人が増えてきている。特別にその意識が強い人でなくても、入社してから一度や二度は「こんな会社辞めたい」と思ったことはあるはずだ。

しかし、ヘッドハンティングの話があるなら別だが、辞めたいという思いだけで退社を決断するのは、なかなか勇気がいる。そこで多くの場合、思いをグッと封じ込め、心ならずも辞表提出を思いとどまることになるのだが、時には勇気ある決断が必要である。

もちろん、決断にはリスクがともなうし、その後、万事がうまく運ぶ保証もない。しかし、すでに期待感も失い、希望も見出せない会社にしがみついていたところで、充実感など得られようもない。むなしく時を浪費するばかりである。将来「あの時辞めていればなぁ」「辞めなかったオレはなんと情けない」などと嘆くことにもなる。

「しなかったこと」への後悔は執念深い。一方、みずから「決断したこと」なら、結果がどうであろうと、後悔はずっと軽いものである。

「ツイてない」ことはおもしろい

空襲で自宅を失った戦後の私たち夫婦と母、妹が住んだのは、あばら家の名に恥じないシロモノであった。水道もなく、破れた障子からは寒風が吹き込み、色あせた古畳は歩くたびに沈み込む。米の配給もほとんど期待できない状態で、食料事情は劣悪。日本列島全体に栄養失調が蔓延している時代だったから、もうどうしようもない。

そんな中で、もっともたくましく、かつ楽しげに振舞っていたのが、幼い頃から贅沢三昧の暮らしを送ってきた母・輝子だったのである。

その環境順応性は、みごとというほかはなかった。かつての「栄華」を懐かしむこともなく、食うや食わずの生活に元気の風を吹き込んだ。茶ガラに栄養があることを聞きつければ、乾燥させて茶ガラフリカケを考案し、卵の殻を見れば「これはカルシウムね」と、こまかく砕いて食用に生まれ変わらせもした。食わされる側は下痢をしたが、旺盛な好奇心のままに果敢《かかん》に生活を切り開く母の姿は、家族の元気の素であった。

いかなる状況でもおもしろがる好奇心。これにまさるたくましさはないのだ。

◎「仕方ない」という落ち着きを覚えよう

とはいえ、人生には、自分の力ではどうにもならないことが多い。思惑どおりにはいかないものだ。そうわかっていても、思惑はずれはやる気を萎えさせるものだ。

そんな時、パワーあふれる母・輝子はどうしたか。

以前、母と旧ソ連を旅した時、搭乗予定の便が飛ばなくなった。相手は飛行機で場所がソ連とあっては、いかんともしがたい。乗客たちはいらだち、不運を嘆き、航空会社に怒りをぶつける人も続出した。その中で、泰然自若《たいぜんじじゃく》としていたのが母だった。

わがままなことでは人後に落ちない我が母だが、「飛ばないって言ってるんだから、しょうがないじゃない」と、悠然と空港ロビーの長椅子で、趣味である謡曲のテキストを出し、それに没頭の体《てい》であったのだ。

いかに歯ぎしりしようと自分の力ではどうにもならない時は、我が母にならって、すっぱり気持ちを切り替え、自分の楽しみに時間を使うのが賢い。事態を変えようがないのならば、「おっ、思わぬ時間、見つけた！」と思惑はずれを楽しむのがいいのである。

コケたら立てばいいだけのことだ

人生はコケたり、立ちあがったりの連続である。そこに二つの人生訓がありそうだ。できるだけコケないように生きるか、コケるのは仕方ないと考えて、うまい立ち上がり方を身につけるか、である。

前者は幼な子を見守る母親の視点に似ている。

子どもがヨチヨチ歩きをする頃になると、母親は、つまずいて転びそうな物を先回りして取り除く。それでも子どもは転び、立ち上がり方を学ぶわけだが、中には子どもが立ち上がる前に助け起こしたりする母親がいる。転んで大けがするのは、たいがい、そんな母親に育てられた子どもである。

大いに転び、みずから立ち上がるワザを身につけた子どもはたくましい。

人生もまた、おおいにコケ、何度も立ち上がる中で不屈の元気が磨かれる。

コケないように生きれば、どうしても消極的になる。失敗を恐れてチャンスの芽をみずからつぶすパターンだ。しかも転び慣れていないから、一度コケると大ダメージを受け、なかなか立ち上がれなくなったりする。目指すは、七転び八起きの達磨《だるま》大師だろう。

◎「もうこりごり」よりも「ちょいちょい」で

精神的な痛手は、人を臆病にするところがある。恋に破れて「もう二度とこんな思いはしたくない」と恋愛恐怖症に陥ったりするのがその典型である。

こんな「もうこりごり」という状態とはまったく縁がなかったのが母・輝子であった。

旅行中のモンゴルで体調の異変に気づき、旧ソ連のイルクーツクの病院で腸閉塞の診断を下されたことがある。

重態との知らせを受けた私は、まさに取るものも取りあえず現地へ向かった。幸い、私が到着した時にはすでに手術も終わり、回復しつつあったのでホッと胸を撫で下ろしたのだが、さしもの母もこの一件では心細い思いをしたはずであった。旅先で倒れ、コミュニケーションもままならない医師に命を預けなければならない状況だったのだから。

ところが、母は帰途につく際、現地の旅行代理店のスタッフに「また、ちょいちょい来るわよ」と言い放った。生涯、懲りない母であったが、それが元気を支えていたのだ。

そう、「こりごり」より「ちょいちょい」精神が人生を面白くするのである。

逆境は成功人生へのバネになる

超一流の学歴で超安定の大企業に入社し、幹部コースに乗る。そんな絵に描いたようなエリート街道にも、容易ならざる落とし穴が仕掛けられているものだ。

エリートたちの転落がしばしば報じられるとおり、何の挫折もない純粋培養のエリートほど、打たれ弱い。これが落とし穴の正体である。

彼らは、ひとたび思いもよらない逆境に置かれると、将来の自画像がガラガラと崩れ、強烈なストレスに見舞われる。そのストレスが道を誤らせるというのが、エリート転落の基本的な構図である。

誰でも逆境はつらい。しかし反面、逆境は自分を鍛えるかっこうのチャンスでもある。耐えることで、精神が強靭なものになっていく。状況を、その方向に受け止めることができるかが、人生の岐路になる。

逆境から目をそむけて「これは夢か幻か」と茫然としていたところで、ストレスは高じるばかりだ。逆境こそ試練の場、自己鍛錬の場と決め、正面から向き合うことである。

◎情念エネルギーをため込む

現在の齋藤病院のルーツは、祖父の齋藤紀一が築いたものだが、青山にあった紀一の病院は、私が小学校三年生のときに焼失してしまった。

その再建にあたったのが父・茂吉である。多大な債務を抱え、高利貸しの執拗、苛烈な催促の嵐にさらされた茂吉は、心労から半ば神経衰弱のようになりながら、三年で病院を再建した。

この時期は茂吉（齋藤家）にとって、まさしくこれ以上ない逆境であった。ところが、その時、茂吉は文学的に実にいい仕事をしているのである。文学史上、高い評価を得ている随筆群は、ほぼ、この火事以降に生まれている。

書斎が燃えて創作場を失った父は、どうにか焼け残った風呂場を書斎に仕事していた。そこで文学的なエネルギーを燃焼させ、すぐれた作品として結実させたのだ。

四面楚歌の逆境が文学への思いを駆り立て、情念の集中を後押ししていたのは間違いない。逆境には、なりふりかまわず、エネルギーを集中させるところがあるのである。

◎マイナスの出発点だからこそ、頑張れる

昭和二十年五月、青山に再建されていた我が病院と家は、爆撃で跡形もなく灰となった。それだけならゼロからの出発だが、焼け残った金庫からとんでもないものが見つかったのだ。膨大な借金の証文である。病院再建の中心的役割を果たさなければならない立場になった私には、なんとも迷惑な置き土産ではあった。

しかし、それが再建に向けてのエネルギーにもなった。

「こりゃあ、頑張るしかないな……」。何しろマイナスからの出発である。私はできる範囲のことを一つずつ、懸命に積み上げていった。不思議と苦労とは感じなかった。まぁ、苦労を感じる余裕もなかったのだが。また、大それた再建計画をぶちあげる性格でなかったこともプラスに働いたと思う。診察室と待合室だけ。そんなスタートから、十年間でどうにか病院と呼べるものが再建できた。

かりに借金もなく、いくばくか財産が残されている状況であったら、現在のような病院が建てられたかどうかはわからない。この時の借金は、財産よりも「生きた金」になったと思う。

時には寄り道したっていい

職人さんなどが「この道一筋五十年」と言ったりしているのを聞くと「おみごと！」のかけ声の一通もかけたくなる。だが、徒弟修業には道筋の効用が大きいが、ビジネスマン人生には寄り道、回り道の効用のほうが大きい気もする。

私自身も精神科医になるまでに、大学の文学部で好きな文学に心注ぎ、熱中した。その後、医学部に再入学したわけだが、そこでも文学への熱さめやらず、医学に専念するどころか小説も手放さなかった

そんな背景には父・茂吉から「精神科医になるべく専心すべし」と寄り道を禁じられたことへの反発もあったのだが、今となってみれば、この回り道の経験が、私の人生を豊かにしてくれているという実感がある。

一つの会社に骨を埋めるのもいいが、気持ちの赴くまま、好奇心がいざなうままに、さまざまな職種を経験するのも悪くない。回り道すれば、それだけ人間の営みへの洞察力が増す。最終着地点がどこであっても、実感をともなった経験は必ず生きるのだ。

◎変化を急ぎすぎない

せっかちといわれる人たちは、ムダを嫌い、目的地まで一直線に行かないと気がすまないようだ。人生もわき目もふらず駆け抜けるのが理想なのかもしれない。

だが、胸をわくわくさせるような場面や面白いできごとは、案外、わき目をふった先に転がっていたりするのである。新幹線に乗って一気に東京～大阪間を移動すれば、確かにムダはない。しかし、窓外の風景に感動したり、駅弁に舌鼓を打ったりする楽しみは、かつての各駅停車の旅でしか味わえないものである。

しかも、人生は思い通りに一直線に進めるものではない。急ぐ思いが強いほど、障害物やハードルが登場して、行く手を妨げたりする皮肉を随所に散りばめているものなのだ。そこでイラついたり、ストレスため込むよりは、「人生ゆっくり行こう」とかまえたほうが、ずっと生きるのがラクになる。最初はのんびり旅のペースになじめなくても、やがてはわき目の面白さに気づく。

人生の晩年に「急ぎすぎた人生だった」と後悔しても、あとの祭りなのである。

老いることは楽しい

高齢化社会がさらに加速する時代。二十代ならともかく、三十代、四十代ともなれば、老いの問題を考えることがあるはずだ。

誰でも歳を取ることには不安がある。残された日々が少なくなってきて、できることも限定されてくるし、肉体的な衰えも怖い。

しかし、若さばかりがそう持てはやされてしかるべきではない。

確かに、若いエネルギーは輝いている。みずみずしさをともなう成熟も魅力的である。

だが、人生経験に裏打ちされた年代の内面的な魅力は強烈なのだ。達観の姿勢や恬淡たる境地はやはり積み重ねた人生の年輪のたまものだ。

あの「きんさん、ぎんさん」が「モーニング娘。」にもひけを取らないアイドルの地位を得たのは、老人にもかかわいらしさ、チャーミングという面があったからだ。

老いにいたるまでの生き方が魅力を左右する。どの年代もしっかりと生き抜く。輝ける老いを迎える秘訣はそこにあるような気がする。

◎「昔はよかった」と思わない

歳をとると過去を懐かしむようになる。時に人生の歩みを振り返るのは悪くはないが、懐古主義にどっぷりひたって、今をばかにするのはどうだろう。老いた同年代が集まり「昔はよかったなぁ」などと遠い目をする図は、いかにも寂しい。

私は現在九十代に近づいているが、「素晴らしき過去」にとらわれる気は毛頭ない。そんな暇も余裕もないのだ。病院で診療をこなし、講演や執筆に追われ、時間をつくって海外旅行にも出かける。そういう現在が、忙しくも楽しい。

肉体的には足腰の衰えを感じないわけではない。しかし、八十年以上も巨軀を支えてくれたわけだから、多少のガタに文句は言えまい。だいいち今の体力、気力で十分、充実した毎日が送れるのに、過去の肉体を懐かしがる必要などさらさらないのである。

会社は、定年によってリタイアを余儀なくされるが、人生は、死ぬまで現役なのだ。趣味でもスポーツでも、日々を忙しくも楽しくさせてくれるものはいくらでもある。

若い人にも過去に縛られる人がいるが、あまりにも時間がもったいないと思う。

不満があるから満足がある

「人生は満たされ、不満などみじんもない」と言う人はいないだろう。誰にもうまくいかないことや厳しい状況がある。

そこを切り抜けるために私は、フラストレーション・トレランスを考える。訳せば欲求不満耐性である。

つまり、「ままならないこともプラス材料としてとらえる」といったような意味である。

このフラストレーション・トレランスを凄まじいまでに持っていたのが、発明王エジソンだ。

電気のフィラメント素材を見つけるまでに、彼は、三千種類もの物質を試した。が、いっこうに思うような素材に出合わない。友人はそんな彼に、「そろそろあきらめたほうがいい」と助言した。見るに見かねてのことだろう。

だが、その時エジソンは平然としてこう答えたというのだ。

「なぁに、世界にある物質は五千五百種類だそうだ。すでに三千種類を試したのだから、残りはわずか二千五百種類。もう、成功目前だ！」

このプラス思考、あっぱれと言うしかない。

今ある不満は、やがて満たされる喜びへの序曲。

そんなスタンスを持っていれば、不満に心かき乱されることもないし、過酷な状況も乗り切れるのではないだろうか。

◎「これ以上悪いことは起きない」と信じよう

八方塞《ふさ》がりの局面は、人生にままある。

「今がそのまっただ中さ」とリストラにあった人は言うかもしれない。再就職もままならず「将来いったいどう生活したらいいんだ」と不安の暗闇に立ち続ける。

生活の基盤を失ってしまったのだからそれも当然である。

大切な取引先との間で重大なミスを犯してしまった。自分の責任で取引が打ち切られるかもしれない……。こんなケースも不安がいっぱいある。

こうした不安はどこから来るのか。

結果に対する対処法が自分の中でイメージできていないから、不安がつのるのである。

「まさかリストラにあうなんて」

「まさか不始末を起こしてしまうなんて」

という思いばかりにとらわれて、先のことに考えが及ばない。だから不安に対処できないのだ。

さまざまな方策を考え、心に準備が整えば、不安は徐々に消えてなくなる。

そうなるためには「今以上に悪いことは起きないだろう」と腹をくくることだ。

「なんとかなる！」と、つぶやくだけで妙案も浮かぶし、ものごとは好転していく。

「これ以上悪いことは起きない」と信じてみようではないか。

本書は二〇〇一年六月に、ぶんか社より刊行された『1分間でやる気を出す200のヒント』を改題し、再構成したものです。

心をリセットしたいときに読む本

2005年9月20日　初版第　一　刷発行
2015年8月１日　　　第三十四刷発行

著者　齋藤茂太
装幀　松本桂
発行人　甲斐健一
発行所　株式会社ぶんか社
〒102-8405　東京都千代田区一番町29-6
TEL 03-3222-7744（第二編集部）
TEL 03-3222-5115（出版営業部）
URL www.bunkasha.co.jp
印刷所　中央精版印刷株式会社

ISBN978-4-8211-5001-4